A essência do budismo

ELIZABETH CLARE PROPHET

A essência do budismo

Dez estágios para se tornar um Buda

Tradução
Johann Heyss

1ª edição

Rio de Janeiro | 2017

CIP-BRASIL. CATALOGAÇÃO NA PUBLICAÇÃO
SINDICATO NACIONAL DOS EDITORES DE LIVROS, RJ

Prophet, Elisabeth Clare, 1939-2009

P958e   A essência do budismo: dez estágios para se tornar um buda / Elisabeth Clare Prophet; tradução Johann Heyss. – 1ª ed. – Rio de Janeiro: BestSeller, 2017.

il. ; 21cm.

Tradução de: The Buddhic Essence
Inclui bibliografia e índice
ISBN 978-85-768-4724-3

1. Vida espiritual – Budismo. I. Heyss, Johann. II. Título.

16-37815

CDD: 294.3444
CDU: 24-584

Texto revisado segundo o novo Acordo Ortográfico da Língua Portuguesa.

Título original:
THE BUDDHIC ESSENCE
Copyright ©2009 by Summit Publications, Inc.
Copyright da tradução © 2012 by Editora Best Seller Ltda.

Este livro foi originalmente publicado em inglês e impresso nos EUA. Esta obra foi editada em língua portuguesa de acordo com os termos contratuais firmados entre a Editora BestSeller e a Summit University Press.

Proibida a reprodução no todo ou em parte, sejam quais form os meios empregados, sem autorização prévia por escrito da Summit University Press, exceto para resenhas literárias, que podem reproduzir algumas passagens do livro, desde que citada a fonte.
Para informações, entrar em contato com: Summit University Press
63 Summit Way, Gardiner, Montana 59030 U.S.A.
Tel: 1 406-848-9500 • Fax: 1 406-848-9555 • Email: info@SummitUniversityPress.com
Web sites: www.SummitUniversityPress.org •
www.SummitUniversity.org • www.SummitLighthouse.org

Summit University Press, Summit University e Summit Lighthouse (The Summit Lighthouse) são marcas registradas nos Estados Unidos no Departamento de Marcas e Patentes e em outros países. Todos os direitos reservados.

Capa: Gabinete de Artes
Imagem de capa: Purshi
Editoração eletrônica: Abreu's System

Direitos exclusivos de publicação em língua portuguesa para o Brasil adquiridos pela
Editora BestSeller Ltda.
Rua Argentina, 171, parte, São Cristóvão
Rio de Janeiro, RJ – 20921-380,
que se reserva a propriedade literária desta tradução

Impresso no Brasil
ISBN 978-85-768-4724-3

Seja um leitor preferencial Record.
Cadastre-se e receba informações sobre nossos lançamentos e nossas promoções.

Atendimento e venda direta ao leitor
mdireto@record.com.br ou (21) 2585-2002.

Sumário

O Sermão da Flor   *10*

Introdução   *11*
Uma senda de sabedoria e compaixão   *12*
Modelos ideais   *13*

Budas e imortais   *15*

1 ~ A natureza do Buda é universal   *17*
Transformando-se no ensinamento   *18*
As bênçãos de todos os Budas   *21*
Shan Ts'ai: A procura por um professor   *22*
Razões práticas para seguir a senda   *23*

2 ~ O nascimento da senda do Bodhisattva em você   *25*
Despertar os nobres de coração   *26*
Como é um Bodhisattva?   *26*
Um entendimento mais profundo do amor   *27*
Viver o ensinamento ao ensinar os outros   *27*
Inspiração para o caminho   *28*
Quem pode ser chamado de Bodhisattva?   *28*

3 ~ Bodhicitta: Despertando o coração da iluminação *31*

    Uma força cósmica dinâmica *32*

    A centelha potencial de iluminação interna *33*

    Uma experiência de conversão *34*

    Uma conflagração engolfando o mundo inteiro *35*

    Miao Shan: Retidão inabalável rumo ao grande objetivo *35*

    Sementes de virtude, raízes de mérito *37*

    Lung Nü: Respondendo ao instrutor *38*

4 ~ Seis práticas de suprema devoção *41*

    Práticas devocionais do Shantideva *42*

5 ~ O voto do Bodhisattva *53*

    Em prol de Uma Alma Viva *53*

    Os quatro grandes votos *54*

    Votos expressam interesses pessoais *55*

    O voto nos impulsiona a seu cumprimento *56*

    Começando com um pequeno compromisso *57*

    Ficando dentro do círculo de Deus *57*

6 ~ Bodhisattvas que se tornariam Budas *59*

    Dez grandes votos do Dashabhumika Sutra *59*

    Aplicação prática dos votos *60*

    Voltem-se para as crianças *65*

    Um discurso extraordinário *66*

    A aspiração de Shantideva *67*

    O desejo de dar tudo *69*

    Encontrando o equilíbrio através do Caminho do Meio *70*

    Concentrando-nos em quem somos *71*

    O Buda responde ao Deva *72*

    Dez estágios para se tornar um Buda *73*

7 ~ Primeiro Bhumi: Pramudita, o Estágio Feliz 75
Dana-paramita: A perfeição de doar 75
O príncipe Vishvantara doa tudo 76

8 ~ Segundo Bhumi: Vimala, o Estágio Imaculado 81
Sila-paramita: A perfeição da moralidade 81
A nobre senda óctupla 82
O capelão da grande moralidade 83
O aluno que se recusou a roubar 85

9 ~ Terceiro Bhumi: Prabhakari, o Estágio Brilhante 87
Ksanti-paramita: A perfeição da paciência 88
A anatomia do perdão 88
O potencial de consumar Deus 89
Encontrando liberdade por meio do trabalho interno 90
Aguentando nosso carma 91
O sermão do Buda sobre agressão 92

Meditação sobre a iluminação 93

10 ~ Quarto Bhumi: Arcismati, o Estágio Radiante 95
Virya-paramita: A perfeição do vigor 96
Guerreiros do espírito 96
Agarrando-se ao objetivo perante atribulações 97
Janaka alcança a virya perfeita 98
A virya de um homem salva muitas vidas 99

11 ~ Quinto Bhumi: Sudurjaya, o Estágio Dificílimo de Conquistar 103
Dhyana-paramita: A perfeição da meditação 104
Um cordão de chama viva 105
O poder da prece do peregrino 105

Quanto tempo leva para se tornar um Buda? 108
Ciclos de mestria crescente 109

12 ~ Sexto Bhumi: Abhimukhi, o Estágio Cara a Cara *111*
Três homens e um muro 112
Prajna-paramita: A perfeição da sabedoria 112
Sabedoria e compaixão no Bodhisattva 113
A verdadeira compaixão é livre de sentimentalismo 114

Prece tibetana para Manjushri *116*

13 ~ Sétimo Bhumi: Duramgama, o Estágio de Longo Alcance *117*
Upaya-paramita: A perfeição dos métodos apurados 118
Pranidhana-paramita: A perfeição do voto 120

14 ~ Oitavo Bhumi: Acala, o Estágio Imóvel *123*
A natureza não dual da realidade 124
Pranidhana-paramita: a perfeição do voto 124
Parando na entrada do paraíso 125

15 ~ Nono Bhumi: Sadhumati, o Estágio dos Bons Pensamentos *127*
Bala-paramita: A perfeição da força 127
O samadhi de derrotar demônios 128

16 ~ Décimo Bhumi: Dharmamegha, o Estágio da Nuvem do Dharma *131*
Jnana-paramita: A perfeição do divino conhecimento transcendental 132
A perfeita unidade da nobre sabedoria 132

17 ~ A Doutrina do Trikaya (Os três corpos de Buda) *135*

18 ~ Mantras para sabedoria e compaixão *137*
Om Buda: O poder do mantra e do mudra 138
Uma visualização para entoar mantras 139
Om Ah Hum Vajra Guru Padma Siddhi Hum 139

O incalculável mérito do mantra Om Mani Padme Hum   140

Os dez votos de Kuan Yin   142

Gate Gate Paragate Parasamgate Boddhi Svaha   143

Om Ah Ra Pa Tsa Na Dhih   144

Om Wagi Shori Mum   144

EU SOU um ser de Fogo Violeta! EU SOU a pureza que Deus deseja!   145

Experimentando os mantras   147

O poder da prece devocional   147

Todo bem que se faz é levado em conta   148

Notas *149*

Bibliografia selecionada *155*

O Sermão da Flor

Gautama Buda ensinou não só por meio de discursos e exemplos, mas também, às vezes, usando símbolos e imagens. Seu Sermão da Flor exemplifica a transmissão de sabedoria por meio da experiência direta.

> Um dia, no Pico dos Abutres, enquanto os discípulos estavam sentados a ouvir em extasiada atenção, o Buda apareceu diante da assembleia e silenciosamente levantou uma flor. Apenas Mahakasyapa (Bebedor de Luz Universal) sorriu, indicando sua compreensão.
>
> Buda confirmou que havia ocorrido uma transmissão da Mente Iluminada que dispensava o uso de palavras.

Introdução

Neste volume, Elizabeth Clare Prophet ilumina nosso caminho para o estado búdico. Valendo-se de ensinamentos, ilustrações e histórias do budismo tradicional e moderno, ela mostra como podemos começar a traçar a senda que nos conduz de onde estamos hoje até a completa iluminação búdica.

Na primeira metade do livro, Prophet estabelece a base dos dez estágios desta senda. Ela começa pela premissa de que todos temos em nós a semente do estado búdico, que se chama natureza búdica. A autora apresenta a força transcendental da *bodhicitta*, a "vontade cósmica de salvação universal", e explica as práticas devocionais específicas que cultivam as condições necessárias para que ela desperte. Aqueles que fazem votos para alcançar o estado búdico em benefício de toda forma de vida são chamados de *bodhisattvas*.

Prophet oferece novas percepções sobre o coração e a mente do *bodhisattva* e elucida a natureza dos votos e seu poder transcendente de atar o *bodhisattva* a seu objetivo.

A segunda metade do livro resume os dez estágios tradicionais da senda do *bodhisattva* para o estado búdico. A autora descreve dez virtudes transcendentais que o aspirante aperfeiçoa ao longo do caminho e oferece dicas criteriosas para desenvolver tais virtudes. Ela define os "três corpos do Buda" aos quais o aspirante a Buda se funde. E finalmente ela explica como os mantras budistas nos ajudam a superar obstáculos ao crescimento espiritual e a aumentar a sabedoria, a compaixão, o perdão e a alegria.

UMA SENDA DE SABEDORIA E COMPAIXÃO

Os discursos e diálogos de Gautama Buda estão registrados nos *sutras* budistas (literalmente "os fios onde se penduram as joias"). Alguns sutras foram pregados diretamente por Gautama; outros foram recitados por discípulos na presença do Buda, ou sob sua direta inspiração. Existem sutras que contêm palavras de ensinamento de *bodhisattvas* transcendentes — seres que alcançaram o estado búdico — e seu conteúdo conta com a aprovação do Buda. A despeito da forma em que são entregues, considera-se que todos os sutras emanam da Mente Iluminada. Os sutras, bem como as regras de disciplina e explicações de ensinamentos, constituem o aspecto de sabedoria dos ensinamentos de Buda.

A compaixão é outro marco do budismo. Quem teve a oportunidade de testemunhar a vida de Gautama Buda relatava seu comportamento caridoso, e que ele ajudava muita gente na prática. Seu exemplo vivo de compaixão constitui um aspecto igualmente importante de seu ensinamento.

Estes ideais análogos de sabedoria e compaixão tomam corpo no *ideal do bodhisattva*. O *bodhisattva* se esforça para alcançar a sabedoria do estado búdico enquanto se dedica à salvação de todos.

MODELOS IDEAIS

O budismo faz referência a *bodhisattvas* terrestres e *bodhisattvas* transcendentes (celestiais, ou grandes). Os *bodhisattvas* terrestres têm o alcance de um Buda, mas postergaram sua entrada definitiva no nirvana (liberação completa) até que todos os seres alcancem a iluminação. Os grandes *bodhisattvas* habitam o mundo celestial, e nos ajudam e conduzem rumo à iluminação, mas podem assumir qualquer forma física que desejarem para oferecer ajuda à vida. Seu perfeito equilíbrio de sabedoria e compaixão os torna modelos ideais.

Manjushri é o grande Bodhisattva da Sabedoria, reverenciado pelos budistas como patrono das artes e ciências, e mestre da eloquência. Em algumas tradições, dizem que Manjushri se tornou um Buda perfeitamente iluminado muitos éons atrás em outro universo. Como a sabedoria é essencial para a pessoa se libertar do sofrimento, Manjushri é o mensageiro da emancipação.

Kuan Yin, a Bodhisattva da Compaixão, talvez seja a mais famosa *bodhisattva* transcendente. Ela às vezes é representada em forma masculina e é conhecida por vários nomes, entre eles Avalokiteshvara e Chenrezi. De acordo com a lenda, Kuan Yin estava prestes a entrar no paraíso, mas parou no limiar quando os lamentos do mundo lhe alcançaram os ouvidos. O Kuan Yin Sutra, um capítulo do Lótus Sutra, contém o ensinamento de Buda sobre o Portão Universal de Kuan Yin. No budismo, um portão é a entrada para o dharma (os ensinamentos de Buda), um começo em direção ao despertar. O portão universal de Kuan Yin, sendo imensamente amplo, pode acomodar inúmeros seres. Sendo assim, Kuan Yin possibilita que todos sigam a senda que leva ao estado búdico.

Esperamos que a apresentação da *Essência do Budismo* por Elizabeth Prophet os ajudem a descobrir sua natureza búdica e faça por iluminar seus caminhos em direção à iluminação e ao estado búdico.

Os Editores

Budas e imortais

Um dos temas da literatura budista antiga é a criação do mundo por uma Deusa Mãe, a Venerável Mãe Eterna, que mandou para a terra noventa e seis miríades de seus filhos. Eles eram originalmente Budas e imortais, mas ao chegar na terra se esqueceram de seu verdadeiro lar no paraíso.

Eles se acostumaram à fama, ao lucro e aos prazeres da carne. Aprisionados por esses desejos, caíram na armadilha de samsara (o mar de sofrimento). E assim a Grande Lei exigiu que eles morressem e renascessem repetidamente para reconhecer a natureza transitória de seus desejos.

A Venerável Mãe sofreu a perda de seus filhos e enviou deidades mensageiras para lhes lembrar de sua verdadeira natureza e o caminho de volta para casa. Esses mensageiros eram Budas que passaram por todas as iniciações dos *bodhisattvas*.

Foi profetizado que no fim do período de provações os filhos da Venerável Mãe recuperarão sua plenitude original e se reunirão. Os livros antigos também mencionam a esperança de que o mundo em si se transforme em uma esfera de perfeita felicidade.

1

A natureza do Buda é universal

Consta nas escrituras budistas o ensinamento de Gautama Buda segundo o qual todos os seres carregam dentro de si a *natureza búdica* — a essência ou semente do Buda. E por isso temos o potencial de nos tornarmos Budas.

Uma forma pela qual defino budismo é "o acendimento do ser interno de Deus". Não é isso que todos nós buscamos? Temos esperança de que algo se acenda dentro de nós. Procuramos ser mais do que expressamos no momento. E quando nos tornamos esse "mais", abandonamos certas coisas que no momento acreditamos que somos, mas que na Realidade não somos.

Enquanto estudamos e ponderamos sobre as sendas místicas das religiões do mundo, percebemos que essas sendas aparentemente distintas na verdade convergem. Quando ouvimos os ensinamentos das diferentes religiões, quase nem conseguimos saber se é budismo, cristianismo, hinduísmo, judaísmo, islamismo ou taoísmo etc., pois estamos ouvindo as mesmas coisas. A confirmação da mesma senda espiritual vem de vários povos diferentes em eras diferentes, de línguas e culturas diferentes, de profetas e instrutores diferentes. Todas as sendas místicas chegam à mesma conclusão: *o objetivo final da senda é a união com Deus, com a Realidade, com o Absoluto.*

Desejo que as pessoas se livrem da necessidade de defender suas experiências e crenças pessoais tomando por base o que elas ou os demais associam a uma religião específica. Gostaria que todos pudessem pegar o ponto em comum de todas as sendas místicas de todas as religiões e simplesmente saber que os hindus, budistas, taoístas, judeus, cristãos, muçulmanos e todos que seguem uma senda mística acreditam neste ponto. É maravilhosamente libertador se dar conta de que não foram milhões de pessoas de apenas uma época a buscar e conseguir a união com Deus, mas sim milhares de pessoas de todos os tempos e épocas.

Neste livro vamos abordar a senda que nosso amado Gautama Buda desenvolveu para alcançar esta união definitiva.

TRANSFORMANDO-SE NO ENSINAMENTO

Diz um antigo texto budista: "A estrada para o estado búdico está aberta para todos. Todos carregam dentro de si o germe do estado búdico".[1] O lama tibetano e erudito Geshe Ngawang Wangyal escreve: "Há em todo ser vivo o potencial de alcançar o estado búdico, chamado de essência búdica (...) o 'legado que habita por dentro' (...) Esta essência búdica (...) não se deixa macular por nenhuma impureza, existindo em forma pura desde o princípio de tudo, mesmo em meio a emoções aflitivas".[2]

Um dos mais importantes legados de Gautama é sua mensagem de não buscar nada do lado de fora de nós mesmos, e sim do lado de dentro, para nos tornarmos Budas como ele se tornou. Este ponto é ilustrado com um vislumbre na vida de Ananda, um dos maiores discípulos de Gautama Buda.

Ananda, primo de Gautama, foi seu assistente pessoal por vinte e cinco anos. Dizem que ele servia ao Buda com grande devoção e agia com compaixão para com todos. Mas Ananda era conhecido principalmente por sua mente brilhante e excelente memória. Diziam que ele era capaz de recitar de memória qualquer sermão já proferido por Buda. Em muitos sutras que começam com as palavras "Assim ouvi", quem fala é Ananda.

Apesar do alcance intelectual que Ananda tinha do ensinamento, o Buda o repreendia por não entender a natureza de sua verdadeira mente. O Sutra Surangama (Portão Heroico) registra as palavras de Buda:

> *Você aprendeu os Ensinamentos ouvindo as palavras do Senhor Buda e depois memorizando-as. Por que não as aprender por si mesmo ouvindo o som do Dharma Intrínseco dentro de sua própria Mente e depois praticando uma reflexão?*[3]

Por meio desta e de outra instrução que Buda transmitiu a Ananda e a outros nessa ocasião, Ananda se deu conta de que ele não havia seguido a injunção de Buda de se tornar o próprio ensinamento. O sutra registra o remorso de Ananda:

"Depois que saí de casa para seguir o Buda, eu contei meramente com Seu poder transcendental e sempre pensei que podia prescindir da prática, pois Ele me concederia samadhi. Eu não sabia que Ele não podia ser meu substituto, e assim perdi (de vista) minha Mente fundamental. É por isto que, apesar de ter seguido a Ordem, minha mente era incapaz de adentrar o Tao. Eu era como um filho destituído fugindo do pai. Só agora percebo que, apesar de muito ouvir (o Dharma), se eu não o praticar, não chegarei a parte alguma, como se jamais o tivesse ouvido; da mesma forma que um homem não mata sua fome falando de comida".[4]

Quando a vida do Buda estava chegando ao fim, Ananda se encontrava tristíssimo pela perda iminente e perdeu-se em seus pensamentos, conjeturando sobre como teria de lutar pela perfeição sem contar com a ajuda do Buda. O Digha Nikaya relata que o Buda o consolou dizendo três vezes "por muito tempo, Ananda, você esteve bem perto de mim através de atos de amor, gentileza e bondade, sem jamais mudar, sem poupar esforços". O Buda então encorajou Ananda a se dedicar seriamente e disse que ele logo se emanciparia.

Em certa ocasião, quando outro discípulo zombou de Ananda por sua ausência de conquistas a despeito de sua ligação próxima com o Buda, Gautama profetizou que Ananda conseguiria se libertar "nesta vida mesma". E assim foi: registros budistas afirmam que Ananda alcançou o nirvana (liberação) na noite do Primeiro Conselho Budista, pouco depois da morte do Buda.

AS BÊNÇÃOS DE TODOS OS BUDAS

O quadragésimo capítulo do Sutra *Avatamsaka* (Ornamento Floral) fala de um buscador perene chamado *Sudhana* (Boa Fortuna). Em sua busca por iluminação, dizem que Sudhana visitou ou estudou com um total de 53 instrutores espirituais. De acordo com a tradição budista, ele se tornou igual aos Budas em uma só vida.

Receber orientação de um diretor espiritual ou guru (instrutor) é fundamental para muitas sendas religiosas, inclusive para a senda do *bodhisattva*. Por meio da prática diligente dos ensinamentos de um verdadeiro instrutor espiritual, o discípulo ganha as bênçãos de todos os Budas. O lama tibetano Dilgo Khyentse Rinpoche explicou este princípio em seu livro *The Wish-Fulfilling Jewel*:

> *Se encaramos o instrutor como uma pessoa normal, receberemos apenas as "bênçãos" de seres normais; mas se o encaramos como um* arhat *[meritório] (...) receberemos bênçãos proporcionais dos bodhisattvas. Se, contudo, encararmos o instrutor como um buda, então receberemos bênçãos dos Budas.*
>
> *[O guru] é como (...) uma joia dos desejos que concede todas as qualidades de realização; como um pai e uma mãe dando seu amor igualmente a todos os seres sencientes; como um grande rio de compaixão; como uma montanha se erguendo sobre as preocupações mundanas, inabalada pelos ventos das emoções; e como uma grande nuvem cheia de chuva para acalmar os tormentos das paixões. Em suma, ele é igual a todos os Budas. Ao fazermos qualquer tipo de*

conexão com ele, seja quando o vemos, ouvimos sua voz, nos lembramos dele ou somos tocados por sua mão, somos conduzidos à libertação. Ter plena confiança nele é o caminho certo para progredir rumo à iluminação. O calor de sua sabedoria e compaixão derreterá o minério de nosso ser e liberará *o ouro da natureza búdica interna.*

SHAN TS'AI: A PROCURA POR UM PROFESSOR

Uma lenda popular fala do buscador Shan Ts'ai (Talento Virtuoso), um discípulo e acompanhante de Kuan Yin. Quando jovem, Shan Ts'ai foi estudar com Kuan Yin quando ela estava encarnada como Miao Shan (Maravilhosamente Gentil), uma princesa que se tornara *bodhisattva*. A lenda ilustra a importância do instrutor para o discípulo.

Shan Ts'ai era um indiano aleijado que desejava acima de tudo estudar o Buda-dharma (os ensinamentos do Buda). Ele ficou sabendo que uma magistral instrutora budista, Miao Shan, residia na ilha rochosa de P'u-t'o, então fez uma longa e árdua jornada até o lugar. Acabou encontrando Miao Shan e lhe rogou que o instruísse no dharma.

Antes de aceitar Shan Ts'ai como discípulo, Miao Shan determinou primeiro testar sua dedicação e força de vontade. Para este fim ela criou a ilusão de três piratas brandindo espadas e subindo a montanha correndo em direção a ela. Ela correu para o cume da montanha com os piratas logo atrás.

Acreditando que sua instrutora estava correndo grave perigo, Shan Ts'ai subiu a montanha com difi-

culdade para defendê-la. Quando os piratas se aproximaram de Miao Shan, ela saltou sobre o precipício. Os piratas foram atrás. Quando Shan Ts'ai alcançou a beira do precipício, foi engatinhando para a borda, perdeu o equilíbrio e caiu.

Miao Shan segurou Shan Ts'ai em pleno ar. (Os piratas ilusórios haviam desaparecido.) Miao Shan pediu então a Shan Ts'ai que caminhasse, e foi quando ele descobriu que podia caminhar normalmente, e não era mais aleijado. Quando se olhou numa piscina de água, pôde ver que era agora belo; seu rosto também fora transformado.

Convencida da dedicação, Miao Shan o aceitou como discípulo e o instruiu em todos os ensinamentos do Buda.

RAZÕES PRÁTICAS PARA SEGUIR A SENDA

Talvez não percebamos que demos nossos primeiros passos na senda de transformação em Buda tempos atrás, talvez muitas encarnações atrás, e que estamos simplesmente continuando de onde havíamos parado. Mas desejemos ou não nos tornarmos Budas, há razões práticas para nos dedicarmos às disciplinas desta senda.

Em nível pessoal, aqueles que lutam para dominar os passos que conduzem ao estado búdico podem se livrar do ciclo de encarnações no fim da vida atual, ou pelo menos renascer em circunstâncias melhores de evolução espiritual na próxima vida.

De uma perspectiva global, entendemos que as circunstâncias de vida que nós mesmos e as gerações futuras viveremos dependem de nossas decisões e atitudes hoje. Todos os iluminados que já viveram nesta Terra vieram para melhorar alguma coisa. Eles vieram para aliviar as situações lamentáveis que encontramos neste mundo, para tratar as feridas da humanidade, para consolar os magoados, para atenuar problemas de raça e outros equívocos, para dar aos filhos deste mundo um futuro melhor. Eles vieram e ainda estão aqui, trabalhando com a humanidade.

Nós temos uma oportunidade de marcar esta ocasião como o momento histórico em que olhamos para o futuro e nos damos conta de que o que plantamos agora estará aqui para aqueles que vierem depois de nós. Eles herdarão a Terra, eles herdarão as consequências do que fazemos, e eles verão o resultado da visão que tivemos quando embarcamos nesta senda. Nossas ações de hoje repercutirão pelo futuro afora. Então hoje temos a oportunidade de nos dedicarmos à missão de trazer esta Terra a uma era de ouro.

Reflexão sobre a Essência

- *Como você vê seu próprio futuro, o de seus entes queridos e o do planeta?*
- *Qual contribuição você desejaria fazer rumo à consecução de sua visão?*
- *Com que pequena atitude (seja uma ação ou um passo preliminar) você poderia se comprometer hoje, que plantaria uma semente para realizar sua visão?*

2

O nascimento da senda do Bodhisattva em você

Após alcançar a iluminação sob a figueira, Gautama Buda viajou por toda a Índia por 45 anos, pregando sua doutrina do caminho da libertação. A senda que ele delineou é o Caminho do Meio, uma senda equilibrada que evita extremos de autoindulgência e automortificação.

Com seus discursos e exemplo de vida, Gautama ensinou uma senda de sabedoria e compaixão. Ele ensinou seus discípulos a se dedicarem ao ensinamento e a espalhá-lo, para que todos também despertem sua natureza búdica interior. No budismo *mahayana* este foco dual no eu e nos demais é chamado de ideal *bodhisattva*. Na verdade, o termo *mahayana* (Grande Veículo) se tornou sinônimo da senda do *bodhisattva*.

Um *bodhisattva* (literalmente, "um ser de iluminação") é um ser destinado ao estado búdico cuja energia e poder são voltados para a iluminação. Mas o *bodhisattva*, tão somente por profunda compaixão pelos apuros da humanidade e por uma intensa vontade de salvá-la, faz votos de abrir mão do nirvana definitivo até que todos os seres sejam liberados.

DESPERTAR OS NOBRES DE CORAÇÃO

A escola *mahayana* acredita que a iluminação só é possível ao se seguir Gautama na senda do *bodhisattva*. Como escreve o erudito budista D. T. Suzuki, "o *mahayanismo* não se contenta em fazer de nós meros transmissores ou *ouvintes* dos ensinamentos de Buda; o objetivo é nos inspirar com todos os motivos religiosos e éticos que despertaram o ponto mais profundo do nobilíssimo coração de Çâkyamuni (Gautama)".[1]

Aqueles que realmente reconhecem que a natureza búdica está presente em todos os seres estão repletos de desejo de espalhar os ensinamentos para despertar as pessoas. O instrutor budista Nikkyo Niwano escreve que "o próprio Shakyamuni se tornou o Buda em virtude da consciência da natureza búdica de todos os seres humanos, bem como por perseverar a cultivação desta consciência".[2]

COMO É UM BODHISATTVA?

Durante uma visita aos Estados Unidos, o Décimo Sexto Karmapa, líder espiritual da tradução Carma Kaguy do budismo tibetano, teria compartilhado a seguinte dica em relação aos *bodhisattva* que viviam no ocidente: "Há muitos deles. Eles estão por toda parte. Mas são difíceis de reconhecer. Eles não vão necessariamente parecer comigo. Não têm necessariamente a cabeça raspada, nem usam mantos de monges budistas, e assim por diante".[3]

UM ENTENDIMENTO MAIS PROFUNDO DO AMOR

Esta história de uma mulher de um século antigo oferece um vislumbre de como seria um *bodhisattva* hoje em dia:

> *Ela era a mais jovem de uma família grande e talentosa. Apesar de ela própria ser dotada de considerável talento, optou por abrir mão da carreira para se dedicar à meditação e à prece para seus irmãos e irmãs, e também para ajudá-los de outras formas práticas.*
>
> *Quando criança ela havia aprendido que por meio da expansão da chama do amor em seu coração poderia promover dentro dos demais uma consciência aumentada que servia de base para o florescer do talento de cada um. Ela continuou essa prática por muitos anos e todos os seus irmãos fizeram uma contribuição em seus respectivos campos.*
>
> *Ela disse que, apesar de parecer para os outros que pouco havia conquistado, seu entendimento do amor havia se aprofundado por meio de seu serviço à vida. Ao ver as conquistas de seus irmãos e irmãs, sua alegria foi completa.*

VIVER O ENSINAMENTO AO ENSINAR OS OUTROS

As pessoas mais humildes não se dão conta da graça e da luz que têm. Eu tive uma tia na Suíça que, após a morte do marido, começou a administrar uma pensão. Apesar de ter pouco, ela recebia qualquer pedinte que aparecesse à porta; dava-lhes de comer e os deixava passar a noite. Jamais recusou ninguém.

Esta humilde mulher mal sabia ler e escrever, e aos olhos de meus parentes suíços, ela era de nível mais baixo do que eles. Mas ela vivia de verdade os ensinamentos. Seu exemplo me ensinou uma grande lição: receber bem todo mundo, ser generosa e alimentar as pessoas. Assim se ingressa na unidade do Ser em Deus.

INSPIRAÇÃO PARA O CAMINHO

O que inspira uma pessoa a se dedicar à consecução do estado búdico para salvar todos os seres? Posso dizer o que inspira a mim — e o que me inspira é saber que o Deus vivo está aprisionado dentro de vocês e que suas almas também estão presas, por Deus estar aprisionado dentro de vocês. E regozijo ao ver a alma se libertar e a chama de Deus se destrancar, de modo que vocês possam literalmente explodir em uma transformação nos seres libertos de Deus que realmente são.

Isto, para mim, é a grande alegria da vida. Se eu não puder ajudar alguém a destravar seu Deus interno, então de que adianta qualquer outra coisa que eu faça pela pessoa?

QUEM PODE SER CHAMADO DE BODHISATTVA?

No sentido mais simples do termo, a pessoa pode ser chamada de *bodhisattva* desde o primeiro momento em que o coração se voltar para o desejo de ser um discípulo do Senhor Gautama Buda.

No momento em que a pessoa se decide a seguir a senda de união a Deus, pode ser chamada de *bodhisattva*. Portanto, não se deixem levar pela ideia de que, por ter determinado nível de evolução, um *bodhisattva* seria algo fora de alcance. Vocês podem ser *bodhisattvas* agora mesmo se assim decidirem.

Reflexão sobre a Essência

- *O que lhe inspira mais em relação à senda do bodhisattva?*
- *Se você fosse passar um dia como bodhisattva, como usaria esse dia?*

3

Bodhicitta: Despertando o coração da iluminação

A inspiração para seguir a senda do *bodhisattva* e alcançar o estado búdico para beneficiar a todos os seres com o despertar espiritual — um despertar do coração e da mente. O termo em sânscrito para este renascimento espiritual é *bodhicitta*, que normalmente se traduz como "mente desperta" ou "o pensamento de iluminação".

Bodhicitta combina os atributos do chacra da coroa e do chacra do coração — Inteligência-Coração. Também tem sido chamado de "coração da sabedoria" e "centelha divina da natureza búdica no coração".[1] Ananda Coomaraswamy, um historiador indiano de cultura e religião, escreveu:

> *Existe (...) [um] lado da consciência que impele o indivíduo (...) a se consumir para beneficiar [os outros], de acordo com o princípio segundo o qual o Amor ja-*

mais pode ser indolente: ele é (...) o Boddhicitta, *ou Coração de Iluminação (...) Ele não surge da reflexão, mas a partir da harmonia da vontade individual com a sabedoria e a atividade dos Budas. Esta condição é às vezes mencionada (...) como um estado de graça, ou mais popularmente como o estado de "estar sintonizado com o Infinito" (...) O despertar do* bodhicitta *é poeticamente representado na literatura budista como a abertura da flor de lótus do coração.*[2]

Nagarjuna, um antigo filósofo budista, explicou que "aquele que entende a natureza do *Bodhicitta* enxerga tudo com coração amoroso, pois o amor é a essência do *Bodhicitta*. O *Bodhicitta* é a mais alta das essências. Portanto, todos os Bodhisattvas encontram sua razão de ser neste grande coração amoroso".[3]

UMA FORÇA CÓSMICA DINÂMICA

Em essência, o *bodhicitta* pode ser visto como uma força cósmica dinâmica. Nagarjuna ensinou que só havia um *bodhicitta*, uma força ativa universal que surge e se expressa em vários níveis e várias formas nos indivíduos. De acordo com ele, "o *Bodhicitta*, que mora no coração da uniformidade (...) cria maneiras individuais de salvação (...) Aquele que entende este coração se emancipa da visão dualista de nascimento/morte e age de modo a beneficiar tanto a si mesmo quanto aos demais".[4]

Os budistas às vezes explicam a natureza do *bodhicitta* comparando-a à lua: assim como a lua se reflete em vários leitos d'água distintos mas continua sendo uma só esfera, o *bodhicitta* tem muitas e distintas manifestações e continua sendo uma só força.

A CENTELHA POTENCIAL DE ILUMINAÇÃO INTERNA

O erudito budista tibetano Lama Anagarika Govinda diz que o *bodhicitta* é a "centelha potencial de Iluminação dentro de nós". Diz ele:

> *A descoberta dessa centelha é o começo da* Senda do Bodhisattva, *que alcança a libertação do sofrimento e das algemas do culto ao ego não pela negação da vida, mas sim pelo serviço a nossos semelhantes associado à busca constante pela Iluminação Perfeita...*
>
> Bodhicitta *é (...) a centelha daquela consciência mais profunda, a qual, no processo de iluminação, se converte de força latente a força ativa, penetrante e irradiante. Antes de ocorrer este despertar, nossa existência é uma correria em círculos sem sentido; e como não conseguimos encontrar nenhum sentido dentro de nós mesmos, o mundo ao nosso redor parece igualmente sem sentido...*
>
> *Se (...) aceitarmos que a consciência não é produto do mundo, e sim o mundo produto da consciência (...) torna-se óbvio que vivemos exatamente no tipo de mundo que criamos e portanto merecemos, e que o remédio não pode ser "fugir" do mundo e sim mudar de "mente". Tal mudança, todavia, só pode se dar se conhecermos a natureza mais íntima dessa mente e desse poder. Uma mente capaz de interpretar os raios*

dos corpos celestiais a milhões de anos-luz de distância não é menos maravilhosa do que a própria natureza da luz. Quão maior é o milagre desta luz interior, que reside nas profundezas de nossa consciência!

(...) Dessa maneira, só pode haver um problema para nós: despertar em nosso interior esta consciência mais profunda e penetrar nesse estado, chamado pelo Buda de "despertar" ou "iluminação". Este é o Bodhisattva-Marga *(senda do bodhisattva), o caminho da realização da essência búdica dentro de nós.*[5]

UMA EXPERIÊNCIA DE CONVERSÃO

A inflamação de um *bodhicitta* é uma experiência de conversão, um despertar — a aspiração por iluminação em nome de toda a vida. Trata-se de um catalisador espiritual para a transformação pessoal completa, razão pela qual dizem que esta experiência vira a vida da pessoa de cabeça para baixo. Como a pedra filosofal, substância que os alquimistas acreditavam ter a capacidade de transformar metais comuns em ouro, o *bodhicitta* transforma o metal comum de nosso carma humano de pensamentos poluídos no ouro puro da sabedoria perfeita.

Govinda explica que o *bodhicitta* "converte todos os elementos da consciência em formas ou instrumentos de Iluminação" e diz que esta transformação ocorre quando nos tornamos primeiramente conscientes de nossa capacidade de iluminação. Ele escreveu que "aquele que encontrar a pedra filosofal, a joia radiante (*mani*) da mente iluminada (*bodhi-citta*) dentro de seu coração, e transformar sua consciência mortal na consciência da imortalidade percebe o infinito e transforma *Sansara* em *Nirvana*".[6]

UMA CONFLAGRAÇÃO ENGOLFANDO O MUNDO INTEIRO

Bhikshu Sangharakshita, monge e erudito budista, se refere à *bodhicitta* como uma profunda experiência espiritual que reorienta totalmente a existência do devoto, seu ser e sua natureza. De acordo com ele:

> *À parte a consecução da Suprema Essência Búdica, a Ascensão do Pensamento de Iluminação (...) é o evento mais importante que pode ocorrer na vida de um ser humano. Assim como um sujeito enriquece enormemente ao descobrir uma joia de preço inestimável, o devoto se transforma em Bodhisattva por meio da Ascensão do Pensamento de Iluminação (...)[7]*
>
> *O bodhicitta não é um fenômeno que surge apenas no começo da carreira de um Bodhisattva para depois declinar; como uma centelha ínfima que se desenvolve a partir de uma chama para se transformar em uma conflagração engolfando o mundo inteiro, ele cresce à medida que o Bodhisattva progride.[8]*

MIAO SHAN: RETIDÃO INABALÁVEL RUMO AO GRANDE OBJETIVO

A popular lenda de Miao Shan, uma encarnação de Kuan Yin, ilustra a ascensão do *bodhicitta* "de uma chama para uma conflagração engolfando o mundo inteiro". Miao Shan demonstra a determinação inquebrantável do Bodhisattva face ao grande objetivo da iluminação universal.

A princesa Miao Shan desejava, acima de tudo, levar uma vida de contemplação religiosa. Seu pai, um rei sem filhos, estava determinado a fazer com que ela e as duas irmãs se casassem com homens muito bem-sucedidos, todos com potencial para governar seu reino. O rei inicialmente deixou Miao Shan entrar no Convento Pardal Branco, achando que uma menina acostumada ao conforto da realeza logo se cansaria de austeridades. Para acelerar seu plano, ele orientou as autoridades do convento a tratarem a princesa com muita severidade, mas nem o mais severo dos tratamentos dissuadiu Miao Shan de seu objetivo. Furioso, o rei ordenou que a filha fosse executada.

De acordo com uma das versões da historia, quando Miao Shan se ajoelhou perante o carrasco, ela piedosamente se ofereceu para tomar para si o enorme carma que ele geraria ao matá-la. Então surgiu um tigre enorme e devorou a moça. As testemunhas, tremendo de medo, consideraram que a deidade guardiã do local havia interferido para salvar vidas inocentes.

O escritor John Blofeld diz o que aconteceu depois:

De uma caverna nas montanhas para onde a deidade a levara, a princesa Miao Shan agora desceu ao inferno e lá, pelo poder de sua imaculada pureza, compeliu o governante do inferno a soltar cada um dos infelizes tiritantes que lhe foram entregues para serem punidos por suas maldades (...) Pois quem poderia negar o pedido de uma princesa que valorizava mais a pureza do que a própria vida?

Ao retornar à morada da deidade tutelar (guardiã), Miao Shan recebeu a extraordinária honra da visita do Buda Amitabha em pessoa! (...) Ele a abjurou para buscar segurança na (...) Ilha de P'u-t'o. "Ao redor dessa ilha, filha querida, jaz um oceano assombrado por dragões no qual ninguém ousa navegar, a não ser os puros de coração, dentre os quais seu pai está longe de se incluir. Lá você poderá se dedicar dia e noite à jubilosa meditação, e assim alcançar finalmente seu devoto desejo de se tornar uma Bodhisattva com poder de socorrer seres errantes (...)" Depois de dizer isto, o Buda se retirou.

Uma deidade da ilha, intimada de Potala, carregou a princesa a sua nova morada, viajando mais ligeiro que o vento. Ao longo de nove anos, Miao Shan, quando não estava meditando, se dedicava a agir com compaixão, e isso, associado aos méritos de vidas passadas, era o que faltava para conferir a ela o status de Bodhisattva.[9]

SEMENTES DE VIRTUDE, RAÍZES DE MÉRITO

Um indivíduo pode plantar sementes de virtude em sua mente ao ouvir os ensinamentos de um Buda ou Bodhisattva. Como essas sementes são resultado de muitas encarnações de estudo e prática espiritual, elas crescem em raízes de mérito. Pela graça de ouvir o ensinamento e o mérito de responder ao instrutor, o devoto acaba conseguindo gerar *bodhicitta*.

LUNG NÜ: RESPONDENDO AO INSTRUTOR

A lenda de Lung Nü (moça-dragão) ilustra este ponto. A história conta como a moça, que era neta do rei dragão (uma deidade da água que governa um leito d'água), veio a dedicar sua vida à senda de *bodhisattva*.

> *Um dia, enquanto explorava o mar em forma de peixe, a bodhisattva Miao Shan ouviu um grito apavorado e viu que o filho do rei dragão havia sido fisgado por um pescador e estava sendo levado para a feira. Ela sabia que enquanto o infeliz ficasse na terra, continuaria preso na forma de peixe e incapaz de fugir.*
>
> *Agindo de imediato, Miao Shan deu a seu discípulo Shan Ts'ai uma bolsa cheia de dinheiro e o orientou a comprar o peixe e voltar para o mar. Ele chegou à feira e viu que já havia se formado uma enorme multidão ao redor, animada pelas notícias de que um peixe que havia sido fisgado muitas horas antes continuava vivo. Achando que comer o peixe concederia imortalidade, a multidão ofereceu mais e mais dinheiro e Shan Ts'ai não conseguiu cobrir o lance.*
>
> *Ele então implorou ao peixeiro que poupasse a vida do peixe. Naquele momento, de bem longe, a voz de Miao Shan soou claramente sobre a multidão ruidosa, dizendo que a reivindicação de quem tenta sal-*

var uma vida tem mais peso do que a de quem tenta tirá-la. Cessou a discussão. O peixe foi dado a Shan Ts'ai e ele o devolveu em segurança ao mar, onde voltou à forma original.

O rei dragão, para expressar gratidão, mandou a neta Lung Nü dar de presente a Miao Shan sua estimada Pérola do Brilho Noturno. A pedra preciosa brilhava tanto que, por mais escura que fosse a noite, a pessoa podia ler as escrituras sagradas à sua luz.

Lung Nü ficou profundamente tocada com a presença e virtude de Miao Shan e pediu para estudar com ela o Budadharma. Ela também jurou se dedicar à transformação em bodhisattva. Miao Shan aceitou a moça-dragão como discípula, e a partir daí Lung Nü continuou no serviço da bodhisattva.

Reflexão sobre a Essência

- *Que experiências ou momentos em seu passado deram sentido mais profundo a sua vida?*
- *Em sua vida atual, o que lhe motiva — o que lhe inspira ou dá sentido à sua vida? (Isso pode ser algo que você está fazendo no momento, ou uma aspiração, ou algo que você avista quando estão em comunhão com seu ser interior).*
- *O que você poderia fazer hoje para tornar tal sonho ou desejo uma parte maior ou mais intensa de sua vida?*

4

Seis práticas de suprema devoção

O surgimento do *bodhicitta* dentro do aspirante não é um evento do dia para a noite; a preparação do devoto pode levar vidas. Tampouco o surgimento do *bodhicitta* se dá por acaso. Acredita-se que o *bodhicitta* seja inerente ao interior de tudo, mas ele jaz, dormente, até ser nutrido pela prática espiritual. Sangharakshita diz:

> *Este é um dos princípios fundamentais do pensamento budista (...) o de que o que quer que surja no mundo (...) em qualquer nível, surge dependendo de causas e condições (...) A emergência do Bodhicitta dentro de nós (...) depende da criação de certas condições mentais e espirituais (...) e quando as criamos, o Bodhicitta então surgirá.*[1]

PRÁTICAS DEVOCIONAIS DO SHANTIDEVA

Shantideva (Paz Divina), monge e sábio budista do século VIII reverenciado como *bodhisattva*, esquematizou seis práticas devocionais que considerava essenciais para a suprema devoção. Essas práticas estão registradas em seu memorável trabalho *Bodhicharyavatara* (O caminho do Bodhisattva):

1. *Ofertas e adoração: se entregar em adoração dos Budas, grandes bodhisattvas e do dharma.*
2. *Refugiar-se nas Três Joias — o Buda (o Instrutor), o Dharma (o Ensinamento) e a Sangha (a Comunidade Espiritual do Buda).*
3. *Confissão: descobrindo o poder do arrependimento.*
4. *Regozijar com o mérito alheio: celebrando os méritos, virtudes e conquistas dos outros.*
5. *Prece e súplica: pedindo aos iluminados que preguem o dharma e deixem de entrar no nirvana.*
6. *Dedicação de mérito: aplicação do mérito em prol dos demais.*

A seguir temos algumas reflexões sobre como incorporar a essência dessas seis práticas devocionais em nossa vida diária em preparação para o despertar do *bodhicitta* em nós.

1. Oferendas e adoração. Em seu discurso, Shantideva dedica vários versos a oferecer aos Budas e aos grandes *bodhisattvas* as belezas da natureza — flores e frutos, montanhas incrustadas de pedras preciosas, árvores celestiais, o belo canto dos gansos selvagens — "todos estes presentes sem dono das esferas ilimitadas do espaço". Então ele oferece o que tem de mais valor: ele mesmo. "Em todas as minhas vidas eu devo oferecer todos os meus corpos aos Budas e seus filhos. Por favor, me aceite, Ó nobres guerreiros, enquanto me submeto humildemente a vós e sigo vosso conselho. Protegido por seu poder devo seguir sem medo (...) e devo aos demais beneficiar".[2]

Abrindo uma corrente de luz. A adoração é sempre a chama no coração do Senhor interno, que é consagrado e dedicado nos (i.e., uno com) Budas e *bodhisattvas*. Quando estamos em estado de profunda adoração e gratidão, concentrando-nos totalmente em Deus, nada pode desviar nossa atenção nesse momento. Nossa devoção abre uma tremenda corrente de luz pela qual projetamos luz em Deus, que após multiplicada por Deus, nos é devolvida.

Não importa que igreja, templo ou mesquita frequentemos. Se interagimos com a natureza ou frequentamos outro cenário. Não interessa se cantamos hinos, entoamos mantras ou fazemos algum tipo de adoração. O que interessa é estarmos em comunhão com Deus em nosso coração. E cada vez que fazemos isso, nós e Deus nos encontramos naquele espaço sagrado que criamos por meio de nossa devoção. Nós estamos em busca de Deus, e Deus está em busca de nós.

2. **Refugiando-se nas Três Joias.** As Três Joias do budismo são Buda (o instrutor), o Dharma (o ensinamento) e a Sangha (a Comunidade Espiritual de Buda). Os rituais e funções budistas incluem a busca de refúgio nestes três absolutos, o que se faz oferecendo uma prece falada.

Esta versão popular de prece de refúgio ajuda a iluminar seu sentido e escopo:

No Buda refúgio buscamos
E rezamos para que, ao lado de todo ser vivente,
A substância do Grande Caminho entendamos
Bem como a suprema e desperta mente.

No Dharma refúgio buscamos
E rezamos para que, ao lado de todo ser vivente,
As preciosas profundezas dos sutras possamos adentrar
Com a sabedoria de todo um mar.

Na Sangha refúgio buscamos
E rezamos para que, ao lado de todo ser vivente,
Unidas na verdade
As pessoas sejam livres de barreiras.

O guru representa a linhagem de instrutores. No budismo tibetano, a prece de refúgio começa com as palavras "eu me refugio no guru (ou gurus)". Um verdadeiro guru, na qualidade de representante e transmissor de seu ensinamento, personifica as Três Joias. O termo *guru* abrange não só o instrutor encarnado como também toda uma linhagem de instrutores que antecederam e vieram depois de Gautama Buda, bem como o cargo e o manto de Guru.

Ganhando destemor. O Sutra Maha-paranirvana (Quietude Perfeita) afirma que quem se refugia nas Três Joias perde o medo. Eu descobri que este destemor vem da compreensão do todo-poderoso e da plena proteção desses absolutos. Gautama Buda carrega a chama da compaixão sem temor. Nós ganhamos destemor ao buscar refúgio porque, ao fazê-lo, nos tornamos um com o Buda, o guru (como representante do Buda), o dharma e a sangha. Quando nos unificamos a ele, nos unimos a esta supremacia de ser e podemos ter confiança de que seremos, portanto, selados por eles e dentro deles.

Desenvolvendo confiança. Confiança é um elemento básico da senda. Se não confiarmos no Buda (e o Buda no guru), se não pudemos confiar no ensinamento, se não pudermos confiar na comunidade, poderemos então confiar em nós mesmos? Em quem ou em que podemos confiar se não pudermos confiar nessas três que nos são oferecidas para nosso fortalecimento e nossa segurança? Se não tivermos confiança, devemos procurar as raízes de nossa desconfiança e as condições cármicas que a geraram, por mais distantes que sejam, e curar a causa, o efeito, o registro e a memória do ocorrido; e retomar a confiança em Deus e no nosso Deus interior.

O instrutor budista Geshe Gyatso oferece a seguinte analogia:

Qual a necessidade de se refugiar nesses três objetos? Se uma pessoa doente quer se curar, ela tem que contar com um médico habilidoso, remédios de verdade e enfermeiras amáveis e atenciosas. Da mesma forma, todos os seres sencientes presos no círculo vicioso da existência (samsara em sânscrito) são afetados pela doença de suas desilusões, sem encontrar nada em que se refugiar. E as pessoas só irão se curar caso se entreguem em confiança ao médico perfeito: o buda, a medicina do dharma e as enfermeiras da sangha. Portanto, se a ideia é acabar com nossa insatisfação e sofrimento, temos que encontrar estas três sublimes e preciosas joias e a ela nos entregar.[3]

3. **Confissão.** A prática da confissão remonta às origens do budismo. Sangharakshita escreve que, em certas terras budistas...

...monges que fizeram o "retiro da estação de chuvas" no mesmo monastério ou que por qualquer razão viviam juntos seguem honrando o costume antigo de implorar o perdão do outro por qualquer erro que talvez tenham cometido durante este período. Os discípulos que deixavam os mestres recitavam uma estrofe em páli pedindo perdão por qualquer pecado que possam ter cometido em corpo, palavras ou pensamento.[4]

Tanto os místicos de religiões do ocidente quanto do oriente tomam consciência da abrangente luz interna. Por meio dessa luz eles percebem a inadequação da condição humana e seu desejo de confessar essa inadequação e assim lançá-la no fogo sagrado. Arrepender-se, confessar pecados e depois pedir perdão permite que a alma se renove na flama da inocência.

Um ritual para lançar o pecado no fogo sagrado. Podemos lançar simbolicamente nossos pecados no fogo sagrado ao escrevê-los em uma carta e depois queimá-

-los. Nós oferecemos nossa confissão ao Santo dos santos sobre o altar de nosso ser, incluindo os pecados de vidas passadas, voltando ao momento em que deixamos a unidade com Deus.

Este ritual pode ser feito todas as noites ao nos prepararmos para ir para a cama: ajoelhe-se em prece, revisando seu dia, evocando a lei do perdão e lançando ao fogo sagrado tudo que jamais deveria ter acontecido. Se soubermos que precisamos de penitência ou se quisermos realizá-la, poderemos oferecer práticas espirituais ou preces diariamente enquanto durar a penitência.

A chave da alegria, felicidade e liberdade. Quando confessamos nossos pecados e equilibramos o carma que eles geraram, estamos nos mantendo alinhados a Deus. Quando fazemos isso, não há sequer um pedaço de papel nos separando de Deus. Somos um com Deus.

Esta é a chave da alegria, da felicidade e da liberdade. É a chave pela qual podemos amar a todos que encontramos e com quem falamos, pois sabemos que Deus está dentro de nós. Podemos amar a Deus em nós mesmos, pois estamos acertando contas diariamente com Ele. E por amarmos a Deus em nós mesmos, amamos a Deus em todas as pessoas.

Eu lhes convido a tentar jogar tudo na chama divina, todo dia. Então veja o que acontece em sua vida.

4. **Alegrando-se com o mérito dos demais.** Alegrar-se com o mérito, as virtudes e as conquistas dos demais implica afirmar e confirmar suas conquistas. Se percebemos o mérito alheio como maior do que o nosso, po-

demos dizer a nós mesmos "se alguém já fez, eu também posso fazer". E se nós ou outras pessoas fizermos algo de errado, podemos dizer "se alguém já fez, eu também posso desfazer pela chama violeta". Ao igualar o fluxo de energia entre nós mesmos e os demais, a chama violeta nos ajuda a regozijar nos méritos das pessoas.

Aumentando a alegria e a satisfação com a chama violeta. A chama violeta é um fogo espiritual de misericórdia e perdão que age como um solvente miraculoso. A chama violeta vibra na frequência mais alta de todas, dissolvendo as energias negativas e nos ajudando a limpar os registros de carmas passados, equilibrando assim nossas dívidas com a vida. A chama nos ajuda a superar hábitos que nos tornam vulneráveis ao sofrimento e que nos impedem de realizar nosso pleno potencial. Ao nos libertar dos pensamentos limitadores, a chama violeta traz uma sensação de liberdade, alegria e conquista. É assim que funciona:

Transformando energia negativa em energia positiva. Todos nós usamos mal a energia de Deus de vez em quando ao atrelá-la a pensamentos e emoções negativas. Por exemplo, podemos ter comparado nossas conquistas com as das outras pessoas e depois nos sentido mal por dentro, ou invejado ou cobiçado as conquistas alheias. Qualquer tipo de energia negativa, seja consciente ou subjetiva, pode influenciar sutilmente nossos relacionamentos e a forma como nós abordamos situações, desafios e objetivos. Esse tipo de energia nos põe para baixo e nos afasta da unidade com Deus.

Quando invocamos a chama violeta por meio da repetição de mantras como o mantra de Kuan Yin, *Om Mani Padme Hum*, mudamos a energia negativa em energia positiva. Isso se chama transmutação. Se continuarmos cantando mantras da chama violeta e transmutando a energia negativa, estaremos liberados para viver emoções de alegria, esperança, renovação e liberdade.

5. **Prece e súplica.** Quando rezamos, entramos diretamente em outro compartimento de consciência. Nós entramos no santuário interno do coração, nossa sala de meditação particular, onde podemos entrar em comunhão com Deus e com os iluminados. Começamos dizendo a Deus o quanto o amamos e emitimos intensa gratidão pelas bênçãos que recebemos.

   Abrindo as janelas da consciência. Ao afirmar a graça que recebemos de Deus, abrimos as janelas de nossa consciência para receber mais de sua luz magnífica. Então podemos oferecer nossas preces e súplicas a Deus e a todos os grandes seres de luz para que fiquem conosco, nos mostrem o caminho e preguem o Dharma.

6. **Dedicação de Mérito.** O *bodhisattva* oferece seu mérito em benefício dos demais. Como temos a Presença de Deus dentro de nós, não há limite para o efeito que nossas preces podem causar. Nós multiplicamos o bem alcançado por meio de nossas preces através da Lei do Um, que se baseia na unidade do Ser. Apesar de haver inúmeras almas evoluindo na dualidade do tempo e do espaço, na Realidade só existe uma única alma, um

Buda, um Deus. A dualidade do ser, apesar de real dentro da relatividade do tempo e do espaço, não contradiz a unidade essencial de Deus no Absoluto.

Multiplicação da Lei do Um. Em nível prático, isto significa que ao rezarmos por nós mesmos ou por alguma pessoa que esteja doente ou enfrentando uma situação difícil, podemos rezar por qualquer um na Terra que tenha a mesma doença ou esteja na mesma situação. Podemos fazer isto com tudo. Por exemplo, podemos tomar nota das manchetes e visualizar em prece e meditação enviar o fogo espiritual da misericórdia e do perdão, a chama violeta, para essas situações e outras semelhantes ao redor do mundo. A chama violeta pode ser usada para todo tipo de problema com que estivermos lidando que nos desperte a atenção.

Direcionando a luz de Deus por meio da prece. A Presença de Deus dentro de nós é o que nos permite dirigir a luz de Deus por meio de nossas preces, e invocar a justiça, a misericórdia e o perdão. Fazemos isso com absoluta paz e harmonia em Deus e depois submetemos nossas preces à vontade de Deus e deixamos o assunto de lado. Nós não temos que saber o resultado de nossas preces. Deus conhece os segredos de todos os corações e é infalível em seus julgamentos.

~ ~ ~

Estas seis práticas devocionais cultivam dentro de nós as condições nas quais o *bodhicitta* pode despertar. Devoção é amor, e o amor abre os caminhos para Deus. E no fluxo de retorno deste caminho que construímos para Deus por meio de prece e mantra, a luz nos é devolvida multiplicada para a bênção da vida.

Reflexão sobre a Essência

- *Qual prática de Shantideva lhe atrai mais? De que forma uma prática regular pode aumentar seu bem-estar e ajudar a quem você ama?*
- *Que medida você pode tomar para incrementar uma dessas práticas em sua vida cotidiana? Se você já estiver fazendo isso, de que forma pode melhorar sua prática?*

5

O voto do Bodhisattva

A constância na suprema adoração cultiva as condições nas quais o *bodhicitta* pode despertar dentro do devoto. Com o despertar do *bodhicitta*, o devoto se inspira a fazer o voto do *bodhisattva*.

Fazer o voto não é um requisito, e os instrutores budistas recomendam o cuidado de reconhecer a diferença entre compaixão e a infinita aspiração do *bodhisattva*, que é a salvação universal. Embora eles também comentem que quem faz o voto do *bodhisattva* afirma que a decisão representou uma virada na sua senda.

EM PROL DE UMA ALMA VIVA

Há numerosas versões do voto do *bodhisattva*, mas em essência todos contêm esta fórmula universal: *Enquanto ainda existir um só ser que seja carente de libertação, eu juro que não entrarei no nirvana definitivo.*

Por que uma só criatura seria motivo de tanta preocupação para o *bodhisattva* jurar que fica aqui enquanto a criatura não for salva? A razão é que uma alma viva tem o potencial de ser Deus. Foi o desejo de liberar a natureza búdica aprisionada na carne que levou o Senhor Maitreya a fazer o seguinte voto, muito tempo atrás:

> *Eu vi meu Deus aprisionado na carne. Eu vi a Palavra aprisionada em corações de pedra. Eu vi meu Deus soterrado em almas atadas aos caminhos do mal. E eu disse...:*
> *Eu não vos abandonarei, Ó meu Deus!*
> *Eu atiçarei aquele fogo.*
> *Eu adorarei aquela chama.*
> *E aos poucos alguns haverão de aspirar a comigo estar.*[1]

OS QUATRO GRANDES VOTOS

Tenha o *bodhicitta* despertado ou não — algo que, nos estágios iniciais, dizem que é impossível saber ao certo — muitos budistas recitam o voto do *bodhisattva* como forma de expressar seu profundo compromisso com a libertação de todo tipo de vida. Os votos mais comumente oferecidos pelos budistas são os Quatro Grandes Votos, que podem ser descritos de forma bastante simples: *Que eu a todos liberte de dificuldades. Que eu erradique todas as paixões. Que eu domine todos os dharmas. Que eu conduza todos os seres ao estado búdico.*

Vai aqui outra versão dos Quatro Grandes Votos que muitos budistas oferecem diariamente:

Não importa que sejam incontáveis os seres, eu juro que os salvarei;
Não importa que as paixões sejam incansáveis, eu juro que as extinguirei;
Não importa que os dharmas sejam imensuráveis, eu juro que os dominarei;
Não importa que a verdade do Buda seja incomparável, eu juro que a alcançarei.

VOTOS EXPRESSAM INTERESSES PESSOAIS

Os votos de um *bodhisattva* representam seus interesses pessoais. Representam sua expressão individual da força universal de *bodhicitta*. Apesar de podermos mencionar o voto do *bodhisattva* no singular, na prática os votos são frequentemente plurais. Sangharakshita explica:

Os votos refletem os interesses especiais do Bodhisattva e suas atitudes dentro do contexto (...) do Bodhisattva e a estrutura mais ampla do próprio ideal do Bodhisattva (...)

(...) O próprio Bodhisattva é como um prisma de vidro, e o Bodhicitta é como pura luz branca brilhando através do prisma. E os votos do Bodhisattva são como luzes de cores diferentes que emergem do prisma no outro lado (...) Esta luz pura e branca deste Bodhicitta brilha através de centenas e centenas de prismas

individuais. E ao brilhar através de todos, cada um deles produz sua combinação própria, seu próprio arranjo de cores (...)

(...) As escrituras deixam bem claro que qualquer Bodhisattva individual é livre para formular seus próprios votos se assim desejar, de acordo com suas aspirações particulares, dentro do curso da estrutura geral do próprio Ideal de Bodhisattva. A principal consideração deve ser o caráter universal do voto.[2]

O VOTO NOS IMPULSIONA A SEU CUMPRIMENTO

O voto do *bodhisattva* afeta não apenas sua vida, mas também sucessivas encarnações. É uma coisa assombrosa. O voto em si se torna a força que impulsiona o *bodhisattva*, vida após vida, até a consecução final em suprema iluminação em Buda.

Podemos visualizar nosso voto como sendo uma âncora que nos lança às profundezas de nossa Mente Superior. Quando então começarem a rugir as tempestades da vida e velhos pensamentos e emoções chegarem à superfície para nos levar para lá e para cá, nosso voto nos prende à nossa deliberação interna e nos mantêm alinhados a Deus. É por isso que fazemos votos, antes de qualquer coisa.

O voto é como uma estrela presa por uma corda ao nosso coração. Deus segura a outra ponta da corda e fica nos puxando em direção ao nosso voto. Quando temos o voto em nosso coração, temos Deus em nosso coração e temos a força do dharma em nosso coração.

Um voto é a maior proteção que jamais poderemos ter, pois é, de fato, a manifestação da energia de Deus. Nosso voto é uma entrada para Deus, e é Deus entrando em nós. Nosso voto é a promessa que não quebramos, pois entendemos que fizemos o voto diretamente ao coração de Deus, e assim evocamos de seu coração uma medida proporcional de apoio.

COMEÇANDO COM UM PEQUENO COMPROMISSO

Antes de fazer um voto, podemos escrever uma carta para Deus dizendo: "Deus, isto é o que quero fazer pelo senhor. Por favor, me fortaleça para que eu possa alcançar o que quero alcançar para o senhor". Nós nos testamos primeiramente fazendo uma promessa a Deus por um mês ou um ano e depois conferindo se conseguimos manter a promessa durante tal período de tempo.

É bom não começar se propondo a superar obstáculos difíceis demais; é melhor escolher algo que seja um pouco difícil, mas que tenhamos certeza de poder dar conta. A partir daí, vamos passando para compromissos cada vez mais difíceis. Quando tivermos mantido nosso voto por um período consistente, estaremos firmes feito aço. Não nos permitiremos romper o voto.

FICANDO DENTRO DO CÍRCULO DE DEUS

O que podemos fazer se falharmos em manter o voto? Se fazemos um voto para Deus e depois o quebramos sem querer ou sem pensar, isso não chega a ser um grande pecado. Nunca devemos ter vergonha de voltar ao altar e dizer: "Deus, rompi meu voto. Quero endireitar isso". Devemos neste caso passar quinze minutos ou meia hora em prece e comunhão com Deus. Devemos pedir a Deus que mande seus *bodhisattvas* para ajudar a fortalecer nossa determinação, nossa energia, nossa força de vontade para jamais voltar atrás em nosso voto. E então devemos esquecer. Deus perdoa antes mesmo de pedirmos perdão.

Enquanto ficarmos nos condenando, estaremos fora do círculo de Deus. Se tivermos razão para autocondenação, devemos ir para o altar e confessar. Se repetirmos a auto-condenação, devemos voltar ao altar e fazer nova confissão. Devemos buscar orientação. Pense com cuidado sobre sua psicologia, sua infância, seus pais e assim por diante. Devemos apelar à lei do perdão toda vez que condenarmos a nós mesmos. Então seremos capazes de pular novamente para dentro do círculo de Deus.

Reflexão sobre a Essência

- *De que maneira o entendimento das promessas e votos e a permanência no interior do círculo de Deus lhe ajudam na sua senda espiritual?*
- *A melhor maneira de ver como funciona um voto é experimentando-o. O que lhe vem à mente neste momento para começar, por menor que seja?*
- *Se você optar por fazer isto, avalie seu progresso periodicamente, corrija o que for preciso corrigir, e então volte a se comprometer com seu voto ou promessa.*

6

Bodhisattvas que se tornariam Budas

Para ilustrar a natureza da aspiração do *bodhisattva* em se tornar um Buda em prol de todo tipo de vida, vou compartilhar com vocês duas expressões antigas de votos que iluminaram os caminhos de incontáveis *bodhisattvas* ao longo de vários séculos.

DEZ GRANDES VOTOS DO DASHABHUMIKA SUTRA

Os primeiros votos que analisaremos são tirados do Sutra Dashabhumika (Dez Estágios). Eles são um dos vários conjuntos de votos chamados de grandes votos. O Dashabhumika, um tratado sobre os dez estágios da senda do *bodhisattva*, vem a ser o vigésimo sexto capítulo do Sutra Avatamsaka.

Estes dez votos não estão associados aos dez estágios em si. Na verdade eles demonstram a profundidade e o alcance dos votos que um *bodhisattva* geralmente faz ao se preparar para dar o primeiro passo na senda da essência búdica.

1. *Preparar-se para reverenciar todos os Budas, sem exceção.*
2. *Manter a Disciplina religiosa que foi ensinada por todos os Budas e preservar o ensinamentos dos Budas.*
3. *Assimilar todos os incidentes na carreira terrena de um Buda.*
4. *Compreender o Pensamento do Iluminado (bodhicitta), praticar todos os deveres de um* bodhisattva, *alcançar todos os paramitas (perfeições, virtudes transcendentais) e purificar todos os estágios de sua carreira.*
5. *Desenvolver todos os seres e consolidá-los no conhecimento do Buda, a saber, todas as quatro classes de seres que estão nos seis estados da existência.*
6. *Perceber o Universo inteiro.*
7. *Purificar e limpar todos os campos búdicos.*
8. *Adentrar o Grande Caminho e produzir pensamentos e propósitos comuns a todos os* bodhisattvas.
9. *Fazer com que todas as ações do corpo, do discurso e da mente sejam frutíferas e bem-sucedidas.*
10. *Alcançar a suprema e perfeita Iluminação e pregar a Doutrina.*[1]

APLICAÇÃO PRÁTICA DOS VOTOS

Apresento, a seguir, minhas reflexões sobre os dez votos do *Dashabhumika*. Não se surpreendam caso descubram que já estão observando alguns destes votos. Ou quem sabe venham a sentir vontade de observar outro ou mais votos, ou a se inspirar para formular suas próprias promessas ou votos. Ao progredir na senda, vamos naturalmente refinando nossa prática e nossa expressão espiritual.

1. **Preparar-se para reverenciar todos os Budas, sem exceção.** Quando fazemos da adoração parte de nosso dia a dia, encontramos e entramos em comunhão com os Budas e os iluminados. Costuma funcionar melhor se separarmos com regularidade um momento em que possamos nos comprometer a estar em nosso altar todos os dias, sem distração nem interrupção. Então usamos o tempo que pudermos, sejam cinco ou dez minutos, meia hora ou mais. O importante é adorar regular e diariamente.

2. **Manter a Disciplina religiosa que foi ensinada por todos os Budas e preservar os ensinamentos dos Budas.** Estamos preservando os ensinamentos dos Budas e dos grandes mestres todo dia ao vivermos seus ensinamentos da melhor maneira possível. As diretrizes para uma vida correta ensinada pelo Buda são essencialmente os mesmos princípios que são ensinados pelos iluminados do oriente e do ocidente.

3. **Assimilar todos os incidentes na carreira terrena de um Buda.** Estudar as vidas dos grandes mestres e *bodhisattvas* que partiram antes de nós dá uma noção do caminho correto para conduzirmos nossas vidas. As histórias do *jataka* contam as vidas passadas de Gautama Buda,

nas quais ele demonstrou dominar uma virtude específica ou tomou alguma decisão nobre que o impulsionou ao encontro da essência búdica. Ler e ponderar sobre essas histórias e as dos demais grandes mestres nos ajuda a determinar o que fazer em circunstâncias semelhantes.

4. **Compreender o Pensamento do Iluminado (*bodhicitta*), praticar todos os deveres de um *bodhisattva*, alcançar todos os paramitas (perfeições, virtudes transcendentais) e purificar todos os estágios de sua carreira.** O Buda descreve duas formas de vida: viver aleatoriamente e viver intencionalmente. O viver intencional requer autodisciplina, esforço e exercício de nossas faculdades. Requer prática, e a prática leva à perfeição. Ao viver de modo intencional e por meio de prática paciente e constante, nos refazemos e forjamos nossa identidade divina.

5. **Desenvolver todos os seres e consolidá-los no conhecimento do Buda, a saber, todas as quatro classes de seres que estão nos seis estados da existência.** As quatro classes de seres são classificações de indivíduos de acordo com a facilidade ou dificuldade com a qual conseguem entender e abraçar os ensinamentos. Os seis estados de existência se referem, literalmente, aos estados que vão do reino dos céus às regiões infernais e, figurativamente, aos vários estados de consciência que vão do mais alto ao mais baixo.

Nem todas as almas podem ser alcançadas por meio da mesma abordagem ou com os mesmos ensinamentos. Na qualidade de *bodhisattvas*, nos devotamos a encontrar diversas e criativas maneiras de alcançar diferentes tipos de gente. E para garantir a transmissão dos ensinamentos às gerações futuras, damos luz e iluminação às crianças.

6. **Perceber o Universo inteiro.** À medida que progredimos em nossa senda, começamos a perceber a unidade de toda vida. Começamos a perceber que Deus e todos os seres estão contidos no universo e também o contêm. Este é o significado de consciência cósmica. Trata-se de uma consciência que transcende mentalidades medíocres, limitações, fanatismo, a crença de que ninguém tem razão a não ser quem pensa como nós etc.

Quando incorporamos a consciência cósmica, ela fermenta todo o planeta. Veremos as pessoas libertas de séculos de ideias e conceitos bitolados. As pessoas ganharão a liberdade de também perceber o universo inteiro e tudo que nele existe como sendo Deus, e poderão transmutar em Deus tudo que estiver equivocado e que não for Deus.

7. **Purificar e limpar todos os campos búdicos.** Campos búdicos são todos os reinos espirituais estabelecidos e presididos por um Buda nos quais as condições são ideais para se alcançar a iluminação. Ao limparmos, purificarmos e purgarmos nosso mundo externo — nosso templo do corpo, nosso lar, nosso local de trabalho, nosso meio ambiente — estamos preparando um lar adequado para a manifestação do Buda.

8. **Adentrar o Grande Caminho e produzir pensamentos e propósitos comuns a todos os bodhisattvas.** O Gran-

de Caminho é o Mahayana, um caminho que conduz à iluminação universal. Quando temos um propósito bem direcionado e bom senso que compartilhamos com os demais, toda nossa energia se volta para fazer a coisa acontecer. Por meio da engenhosidade da centelha divina interna, descobrimos formas de alcançar as pessoas com os ensinamentos e nelas cultivar e nutrir a semente búdica, aguardando aquele momento em que o pensamento de iluminação, *bodhicitta*, surge.

9. **Fazer com que todas as ações do corpo, do discurso e da mente sejam frutíferas e bem-sucedidas.** Quando nossos pensamentos, ações e palavras são harmoniosos e positivos, carregam bons frutos e levam ao sucesso. Quando eles vêm do coração, nossa atitude e consciência permanecem positivas.

Fecundidade e sucesso nascem do equilíbrio mental que sentimos após concluir nossas devoções. Quando fazemos contato com Deus e sentimos a luz descer, podemos conter dentro de nós este nível elevado de consciência por meio de nossas preces e invocações.

Sustentamos certa dinâmica desta luz em nosso serviço diário. E nos fortificamos e renovamos este nível de consciência toda vez que rezamos e entramos em comunhão com Deus. Não há limite para as alturas que podemos alcançar. E o que alcançarmos agora é o que levaremos conosco quando nossa alma abandonar o templo do corpo.

10. **Alcançar a suprema e perfeita Iluminação e pregar a Doutrina.** Pregar a doutrina é viver a doutrina. Se não a

vivemos, se não a saboreamos, mastigamos, digerimos e assimilamos, se não nos tornamos a doutrina por inteiro, como a ensinaremos? Não há nada mais jubiloso do que estar livre do velho eu humano, com todas as suas bobagens humanas, e literalmente estar no Eu divino por estarmos saboreando e vivendo a doutrina.

VOLTEM-SE PARA AS CRIANÇAS

A maneira de garantir que os ensinamentos sejam transmitidos às gerações futuras é instruindo as crianças. Temos a responsabilidade de estabelecer em nossas crianças seu autoconhecimento em Deus, ensinar-lhes os preceitos básicos de vida que recebemos de Gautama Buda (que são em princípio os mesmos que foram ensinados por Jesus Cristo e outros), para lhes dar um entendimento básico da lei do carma, e lhes oferecer o conhecimento de como entrar em contato com Deus e receber sua resposta. Se dermos às crianças uma base sólida na lei espiritual desde pequenas, este entendimento continuará com elas e elas poderão retomá-lo em algum ponto de suas vidas, quando sentirem o ímpeto.

O desejo pela senda vem de dentro. Nós não podemos criá-lo. Não podemos forçar uma criança a fazer o que queremos que ela faça. Mas podemos preparar o terreno, regá-lo e fertilizá-lo e enraizar a criança profundamente no solo da senda.

Podemos trazer a quantidade certa de sol, de amor, de nutrição e de todas as coisas juntas, mas a criança ainda tem livre-arbítrio. Mesmo assim, se instruirmos bem nossas crianças, teremos plantado em seus corações e em suas almas tudo de que elas precisam. E todas essas coisas estarão lá e irão amadurecer e desabrochar no momento especial da necessidade da alma.

No espírito do ideal do *bodhisattva*, eu lhes peço que se voltem para as crianças. Deem a elas a luz e a iluminação de que elas precisam.

UM DISCURSO EXTRAORDINÁRIO

Antes de passarmos para os próximos exemplos de votos tirados do *Bodhicharyavavatara* de Shantideva, vamos abordar a lenda de como Shantideva acabou fazendo seu profundo discurso sobre o modo de vida do *bodhisattva*.

No século VIII o monge atualmente conhecido como Shantideva teria por certo tempo frequentado a prestigiada Nalanda University. Alguns dizem que ele surgiu "do nada". Aparentemente o monge não demonstrava nenhum tipo de perícia; na verdade, ele parecia passar o tempo inteiro comendo na sala de jantar ou dormindo no pátio. Alguns estudantes o apelidaram de Bicho-preguiça. Eles o consideravam uma vergonha para a escola e chegaram a planejar um jeito de causar sua expulsão. Esta versão da história é atribuída ao lama budista tibetano e instrutor Drikung Ontul Rinpoche:

> *Um dia, em uma ocasião especial durante a qual membros dos vários monastérios da região se reuniam, eles ridicularizaram [o Bicho-preguiça] convidando-o para transmitir um ensinamento. Eles*

ficaram surpresos quando ele aceitou, de modo que, para levar a piada mais adiante, construíram para ele um trono especial. Naturalmente esperavam que todo mundo que viajou quilômetros vindo dos arredores se divertisse às custas dele quando chegasse e bancasse o bobo.

Quando todos se prepararam para ouvi-lo, o Bicho-preguiça subiu no trono alto, virou-se e perguntou se a congregação iria preferir um discurso comum ou especial. Os monges mal contiveram seu deleite e responderam que queriam "um discurso especial, por favor".

Então aquele que agora é conhecido por nós como Shantideva (Paz Divina) recitou (...) o discurso conhecido como O Caminho do Bodhisattva.

Os presentes ficaram estupefatos, pois dizem que no fim Shantideva subiu aos céus de verdade em um arco-íris.

A ASPIRAÇÃO DE SHANTIDEVA

A aspiração do *bodhisattva* de Shantideva é uma forma de prece. O erudito indiano Har Dayal a descreveu como "um magnífico Cântico de amor e caridade" que "revela o espírito que deveria animar e inspirar o principiante, que vem a se tornar um *bodhisattva*".[2]

Através do mérito por mim reunido...
Que o sofrimento de todo ser vivo
Seja de uma vez terminado;

E até que todo adoentado
De sua enfermidade seja curado
Que eu seja seu medicamento,
Seu médico e seu tratamento.

Que uma chuva de comida e bebida venha a cair
Para a miséria da fome e da sede subtrair;
E durante a grande era de penúria
Que eu seja sua comida e sua bebida.

Que eu me torne um recurso inesgotável
Para o destituído e o miserável.
Que eu seja tudo que eles venham a precisar
Oferecido de graça a seu dispor.

Ao dar tudo, eu devo alcançar o nirvana de um Buda
E serão realizados os desejos de meu bodhicitta.
Em nome dos seres vivos de tudo eu abro mão
Pois eles são os supremos motivos de doação...

Portanto, em tudo que eu fizer,
Jamais a ninguém terei prejudicado;
E sempre que alguém a meu encontro vier
Que para a pessoa nunca sentido falte.

Que todos que me fazem mal...
Assim gerem a causa que conduza à iluminação...

Para a todos os seres vivos beneficiar,
Que um recurso de riqueza eu possa me tornar,
E mantras poderosos, e remédios vigorosos,
E uma árvore dos desejos, e um gênio da lâmpada.

Assim como os grandes elementos como a terra
E o espaço eterno,
Possa eu me tornar a base sobre a qual se encerra
A estrutura de incontáveis criaturas;

E até que todas as criaturas superem o sofrer,
De todas as formas de vida o esteio eu possa ser
Através das esferas dos seres com vida
Que vão até os confins do espaço.[3]

O DESEJO DE DAR TUDO

Nesta prece Shantideva dá voz aos devotos de todas as sendas místicas das religiões do mundo que amam tanto a Deus em suas criaturas que desejam dar tudo que têm, inclusive a si mesmos.

Para abrir mão de tudo pelo nirvana, devemos estabelecer um ponto zero onde estamos. Mas o zero é, na verdade, o círculo de Deus. Abrir mão de tudo implica abrir mão de tudo que não é Deus ou que não é de Deus. Nosso entendimento de serem todas as coisas para todas as pessoas é o entendimento de que Deus em nós pode atender às necessidades de todos a quem encontramos. Às vezes podemos achar que não, mas tentem afirmar isto e verão o que acontece.

O conceito de orar pela iluminação de todos que nos feriram ou que nos pareceram inimigos é interesse próprio em estado iluminado, porque se nossos inimigos se iluminarem, não mais nos atacarão. É a melhor prece que podemos fazer por eles.

ENCONTRANDO O EQUILÍBRIO ATRAVÉS DO CAMINHO DO MEIO

Alguns textos budistas parecem carecer de conhecimento da condição humana; às vezes eles podem descrever um nível que nos parece impossível de alcançar. Lembrem-se que existe um fator de equilíbrio em todas as coisas. Deus não espera que vivamos em um mocambo sem coisa alguma, sem ter nem apetrechos de cozinha. Deus sabe das necessidades da vida. Gautama Buda, em seu primeiro sermão após a iluminação, pregou o Caminho do Meio para seus discípulos (*bikkhus*):

> *Há dois extremos, Ó bikkhus, que o homem que abriu mão do mundo não pode seguir — a prática habitual, por um lado, de autoindulgência, que é indigna, vã e presta apenas para quem tem pensamento mundano — e a prática habitual, por outro lado, de automortificação, que é dolorosa, inútil e não leva a nada.*
>
> *Nem se abster de peixe ou carne, nem ficar nu, nem raspar a cabeça, nem usar o cabelo emaranhado, nem se vestir com farrapos, nem se cobrir de lama, nem se sacrificar a Agni (uma divindade védica), limparão um homem que não está livre de ilusões.*[4]

Quando estamos livres de ilusões podemos nos engajar ou não nessas práticas. Elas ajudam, mas são simbólicas, e se forem mera capa e ainda estivermos cheios de "esqueletos"[5] não valerão de nada, apenas nos convencerão de que estamos chegando a algum lugar quando não estamos.

CONCENTRANDO-NOS EM QUEM SOMOS

As coisas das quais não podemos abrir mão são as coisas com que mais nos identificamos. Em outras palavras, sem essas coisas nós não sentiríamos que temos identidade. Então, em vez de nos concentrarmos nas coisas das quais estamos abrindo mão, devemos nos concentrar em quem somos. Quando nos damos conta de uma porção maior da identidade de Deus em nós, percebemos que somos capazes de abrir mão tranquilamente dessas coisas que são meras muletas para nossa consciência inferior.

Reflexão sobre a Essência

- *Considere como sua consciência evoluiu ao longo dos anos e como sua autoexpressão se transformou como resultado dessas mudanças.*
- *De que forma você pode cultivar uma percepção de Deus mais abrangente? Considere tentar esta forma por certo período e veja como afeta sua relação com a vida.*

O Buda responde ao Deva

Certo dia, quando o Abençoado (Gautama Buda) estava residindo em Jetavana, o jardim de Anathapindika, um deva celestial veio a ele em forma de Brahman de semblante luminoso e vestes brancas como neve. O deva fez perguntas que o Abençoado respondeu.

Perguntou o deva: "Qual espada é mais afiada? Qual é o veneno mais letal? Qual é o fogo mais feroz? Qual é a noite mais escura?"

O Abençoado respondeu: "Uma palavra falada com raiva é a espada mais afiada; a avareza é o veneno mais letal; a paixão é o fogo mais feroz e a ignorância é a noite mais escura."

O deva perguntou: "Quem ganha mais? Quem perde mais? Que exército é invulnerável? Qual a melhor arma?"

O Abençoado respondeu: "Quem ganha mais é quem dá aos outros, e quem perde mais é o ganancioso que recebe sem gratidão. A paciência é um exército invulnerável, e a sabedoria é a melhor arma."

O deva perguntou: "O que causa ruína no mundo? O que destrói amizades? Qual é a febre mais violenta? Quem é o melhor médico?"

O Abençoado respondeu: "Ignorância causa a ruína do mundo. Inveja e egoísmo destroem amizades. O ódio é a febre mais violenta, e o Buda é o melhor médico."

Dez estágios para se tornar um Buda

Vários escritos budistas designam numerosos estágios do caminho do bodhisattva. Estes estágios de progresso espiritual, chamados bhumis, variam de texto para texto e de comentarista para comentarista, mas em todos os casos o *bodhisattva* se esforça para progredir de um estágio para outro até alcançar a iluminação total.

Vamos estudar esses estágios de acordo com o designado no Sutra Dashabhumika (Dez Estágios), que é considerado o maior tratado sobre o assunto. O Dashabhumika descreve os dez estágios de progresso espiritual a partir do primeiro pensamento do bodhisattva desejando iluminação até a realização da iluminação suprema do estado búdico.

Em cada estágio o *bodhisattva* pratica o mais alto desenvolvimento possível de uma perfeição, ou virtude transcendental (chamada paramita). Uma paramita é uma virtude que é aperfeiçoada em um nível além de qualquer limite. Apesar de o *bodhisattva* se concentrar em uma perfeição a cada estágio, ele está simultaneamente praticando todas as dez.

7

Primeiro Bhumi: Pramudita, o Estágio Feliz

O primeiro *bhumi* é *Pramudita*, o Estágio Feliz. O *bodhisattva* entra neste estágio por ocasião do despertar do *bodhicitta* e do comprometimento com o voto do *bodhisattva*. Ele está profundamente comprometido com a transformação em Buda para ajudar todos que a ele recorrem. Ao seguir o caminho rumo à essência búdica, ele vivencia a alegria de ter possibilidades ilimitadas. Regozija ao pensar no Buda e nos ensinamentos do Buda. Ele reconhece o vazio do ego e sente o despertar de um grande coração de compaixão.

DANA-PARAMITA: A PERFEIÇÃO DE DOAR

Neste estágio o *bodhisattva* se dedica à perfeição de Doar (*Dana*), o primeiro paramita. A doação sincera é feita com respeito por quem recebe e sem esperança de retorno. Muitos budistas em países asiáticos procuram oportunidades todos os dias para doar algo, mesmo que tudo que possam doar sejam algumas colheres de arroz. Existe um enorme senso de liberdade em simplesmente doar.

O budismo ensina que dar é gesto tríplice: a doação de bens materiais, a doação de destemor e a doação do dharma (o ensinamento). Outro aspecto importante da doação é conhecido como "transferência de mérito". O *bodhisattva* faz questão de doar todo seu mérito adquirido para a salvação de todos os seres.

Em *Mensagens de Buda*, Gautama Buda descreve a perfeição da doação como "a total dádiva de si mesmo, o esvaziar contínuo do jarro de água para que ele possa ser enchido novamente".[1] A mesma ideia é expressa em um pequeno sutra sobre doação, segundo o qual Gautama Buda disse que "se os seres vivos conhecessem o fruto e a recompensa final da caridade e da distribuição dos dons como eu conheço, não comeriam sua comida sem dar para os outros e compartilhar com os outros, mesmo que fosse sua última porção ou bocado".[2]

Isto me lembra o que diz o Velho Testamento: "Lança o teu pão sobre as águas, e assim depois de muitos dias o acharás"[3] — após muitos dias ele lhe retornará. O que damos de livre e espontânea vontade alcança os cantos mais afastados do cosmos e depois dá a volta e retorna, trazendo para nossa praia, multiplicado, o que lançamos.

O PRÍNCIPE VISHVANTARA DOA TUDO

A história do Príncipe Vishvantara é um exemplo supremo de alguém que praticou a perfeição da doação. Esta é uma das centenas de histórias chamadas "contos *jataka*", "histórias de nascimento", que relatam como Gautama conseguiu cumprir todos os requisitos da senda do *bodhisattva* em prévias encarnações.

Vishvantara era um príncipe, e a partir do momento de seu nascimento, sua generosidade foi percebida pelos deuses. Em sua primeira respiração ele miraculosamente falou: "Mãe, eu vou dar um presente. Que presente devo fazer?" Aos oito anos de idade, inspirado por um desejo de dar algo que era dele mesmo, ele declarou: "Se alguém me pedir meu coração, meus olhos ou minha carne, eu darei". Os deuses novamente perceberam. Os céus rugiram e a terra tremeu.

Quando Vishvantara foi ficando mais velho, notícias de sua generosidade se espalharam em toda parte. Ele sempre dá esmolas, geralmente quando está montando o elefante branco real, uma criatura realmente magnífica. Muitos vieram a associar este elefante branco com a prosperidade do rei e as colheitas fartas.

Um dia, quando o Príncipe Vishvantara estava distribuindo esmolas, os emissários de um país vizinho lhe pediram o elefante branco, na esperança de aliviar a severa seca de seu país. Vishvantara consentiu graciosamente. Este ato gerou tamanha revolta contra ele que seu pai, o rei, não teve escolha a não ser exilá-lo. Vishvantara passou seu último dia no reino doando todas as suas posses.

Na manhã seguinte, Vishvantara partiu do reino acompanhado por sua devota esposa, Madri, e seus dois filhos. Eles começaram sua jornada em uma carruagem puxada por quatro cavalos. Logo eles encontraram sacerdotes que pediram os cavalos, e outro que pediu a carruagem. Vishvantara deu tudo de boa vontade e a família prosseguiu a pé. Eles habitavam simples choças feitas de vegetação local e comiam sementes e frutas silvestres.

Um dia, quando Madri não estava por perto, um velho brâmane se aproximou e pediu a Vishvantara para lhe dar as crianças para serem servas de sua esposa. Vishvantara aceitou. Apesar de ficar agoniado com a partida dos filhos, regozijou pela oportunidade de doar o que lhe era tão caro. Madri ficou de coração partido.

Então Shakra, o rei dos deuses, apareceu para Vishvantara disfarçado de sacerdote pobre e lhe pediu sua amada Madri. Vishvantara consentiu. Entendendo os motivos puros do marido, Madri silenciosamente se submeteu.

Naquele momento os céus tremeram e os oceanos rugiram sua aprovação. Os deuses reconheceram que Vishvantara havia alcançado o conhecimento perfeito e havia demonstrado perfeita caridade. Shakra voltou a sua forma original, abençoou Vishvantara e lhe devolveu Madri.

Pouco depois as duas crianças, que haviam sido libertadas pelo avô, o rei, foram devolvidas ao príncipe Vishvantara e a Madri. O rei e seus súditos, profundamente tocados pelo desprendimento de Vishvantara, o chamaram de volta do exílio e o reintegraram gloriosamente.

De acordo com a tradição budista, Vishvantara renasceu na vida seguinte como Gautama Buda.

Reflexão sobre a Essência

- *O que significa para você a doação verdadeira?*
- *De que maneiras práticas você expressa uma alegre doação em sua vida?*
- *Que sentimentos a doação sincera lhe desperta?*

8

Segundo Bhumi: Vimala, o Estágio Imaculado

O segundo *bhumi* é *Vimala*, o Estágio Imaculado. O *bodhisattva* alcança este estágio pela pureza de conduta. Ele é incorruptível, livre de desejos, e desenvolveu verdadeiro autocontrole. Ele é direto consigo mesmo e com os demais, desprovido de qualquer evasiva ou ambiguidade. Ele é calmo, apesar de ativo, e bondoso, caridoso, nobre e magnânimo para com todos.

SILA-PARAMITA: A PERFEIÇÃO DA MORALIDADE

Neste estágio o *bodhisattva* dedica atenção especial à perfeição da Moralidade (*Sila*), o segundo *paramita*. Ele leva uma vida exemplar de pureza e ações meritórias. Ele resolve ser o amigo, guia, protetor, instrutor e salvador dos outros.

Através de seu exemplo e de seus ensinamentos, o *bodhisattva* inspira e encoraja as pessoas a seguir os Dez Preceitos. Isto significa se abster dos pecados do corpo, da fala e da mente. Tradicionalmente, são eles: matar (o que inclui tirar qualquer tipo de vida), roubar, má conduta sexual, mentir, difamar, linguagem grosseira, abusiva ou ofensiva, conversas frívolas (tagarelice vazia e fofocas), avareza (desejos gananciosos), discurso malicioso e raivoso e falsas percepções (ilusão).

Sangharakshita escreve que "por mais que o *Bodhisattva* pratique a Perfeição da Moralidade, jamais se considerará virtuoso... Ele usará sua retidão com a leveza de uma flor".[1]

Conceitos do que é moral e do que é imoral diferem de acordo com a religião, costumes étnicos e época. Do ponto de vista da senda espiritual, práticas morais e imorais podem ser definidas como aquelas que aproximam ou afastam do objetivo de união com Deus. Qualquer coisa que nos aproxime de Deus por caminhos legítimos é boa. Coisa nenhuma que nos afaste de Deus é boa.

A NOBRE SENDA ÓCTUPLA

O Buda ensina que a moralidade é a base de uma mente direcionada e que a prática da moralidade é o método perfeito para proteger a mente da influência das ilusões. Por esta razão ele designou um código moral em sua Nobre Senda Óctupla, que consiste em oito preceitos do correto viver. Eles estão na lista a seguir, junto com meus comentários sobre meu entendimento de como cultivá-los.

O Entendimento Correto (ou Visão Correta) vem da sintonia com a vontade de Deus.

A Aspiração Correta (ou Pensamento Correto) deriva da purificação e iluminação do chacra da coroa e da mente.

O Discurso Correto vem à medida que o divino flui do seu coração, permitindo e inspirando o discurso que eleva a vida.

A Ação Correta se dá quando nossa motivação é pura, e a pureza da motivação leva ao comportamento honrado.

O Meio de Vida Correto brota da concentração na verdade, do viver honrado e engajado apenas em ocupações construtivas.

O Esforço Correto ocorre por meio da compaixão ativa e implica serviço e ajuda ao próximo e a todo tipo de vida.

O Pensamento Correto vem quando nossa motivação é casar nosso livre-arbítrio à vontade de Deus e quando nosso desejo é alcançar e conduzir os demais à liberação da alma.

A Concentração Correta (ou Absorção Correta) se dá quando nos integramos através do coração.

Em suma, quando praticamos a inocuidade (*ahimsa*) e fazemos tudo para a glória de Deus, então nossos pensamentos, discurso e ações serão corretos e teremos todas as recompensas.

O CAPELÃO DA GRANDE MORALIDADE

Um dos contos *jataka* fala de um tempo quando Gautama estava encarnado como capelão do rei. Neste conto o capelão, homem de grande moralidade, faz um teste de virtude para aprofundar seu conhecimento.

Um capelão do rei demonstrava grande moralidade e era respeitado por todos. O rei em particular lhe dedicava um respeito excepcional. Este tratamento especial o fez pensar "será que o rei me honra com respeito superior devido ao meu nascimento, à minha família ou à minha posição? Será por causa dos talentos que eu tenho? Ou será que esse tratamento especial do rei se deve à moralidade que eu conquistei? Acho que devo fazer um teste".

Então ele decidiu o que fazer. E em três dias consecutivos, permitindo que suas ações fossem testemunhadas, ele roubou moedas de ouro para ver como as pessoas reagiriam. Nos primeiros dois dias, por respeito a ele, quem testemunhou os roubos nada disse. Finalmente, no terceiro dia, eles o denunciaram como ladrão.

As pessoas se juntaram na cena do crime, o amarraram e o levaram ao rei. O rei perguntou "como ocorreu de você praticar ato tão imoral", falando severamente com o capelão. Então o rei exigiu que sua ordem quanto ao criminoso fosse executada.

O capelão explicou seu motivo para o rei e disse: "pela ordem que vossa alteza acaba de pronunciar, agora sei que seu tratamento respeitoso para comigo era por causa de minha moralidade e não devido ao meu berço, à minha família, raça ou posição social. Moralidade é a maior das bênçãos. Nada neste mundo é mais estimado do que a moralidade. Eu devo me devotar a aperfeiçoar minha moral. Permita-me que eu saia daqui para me tornar um eremita".

O rei concedeu o pedido do capelão. O capelão se retirou do mundo para praticar a moralidade em sua plenitude, e acabou se tornando um arhat (valoroso).

O ALUNO QUE SE RECUSOU A ROUBAR

Um *jataka* posterior conta a história de uma encarnação posterior de Gautama, que então já havia se tornado um *bodhisattva*. Ele estava estudando sob a orientação de um ilustre instrutor que decidiu testar a virtude de seus alunos. Nesta história, o entendimento de moralidade do *bodhisattva* é mais refinado do que na história anterior, demonstrando que trazemos de vidas passadas as lições que aprendemos ao longo do caminho.

O instrutor do bodhisattva resolveu testar a virtude de seus alunos. Ele explicou a eles que pretendia dar sua filha em casamento, mas que ela precisava primeiro das vestes apropriadas. O instrutor convidou os alunos a roubar vestidos e ornamentos para ela, avisando que aceitaria apenas aquilo que ninguém os visse pegando, e que recusaria qualquer coisa que eles tivessem permitido que testemunhassem sendo roubado.

Da classe de quinhentos alunos, apenas o bodhisattva se recusou a roubar. Quando o instrutor perguntou por que ele se recusou, o bodhisattva respondeu que não era possível se cometer malfeitorias em segredo.

Então o instrutor explicou que seu motivo ao requisitar que os alunos roubassem era testá-los para descobrir um homem realmente virtuoso para sua filha. Ele instruiu os alunos a devolver tudo o que haviam subtraído e disse ao bodhisattva que apenas ele se provou digno de sua filha. O instrutor embelezou a filha com seu próprio dinheiro e a deu em casamento ao bodhisattva.

Reflexão sobre a Essência

- *Reflita sobre uma ocasião em que você encarou uma decisão moral difícil. Que considerações o levaram a tomar a decisão que você tomou naquele momento?*
- *O que você aprendeu com essa situação?*
- *De que maneiras práticas seu entendimento da moralidade pode ser aplicado para melhorar sua vida e as dos outros?*

9

Terceiro Bhumi: Prabhakari, o Estágio Brilhante

O terceiro *bhumi* é *Prabhakari*, o Estágio Brilhante. Neste estágio a mente do *bodhisattva* irradia a luz da doutrina. Ele percebe que um corpo material, em sua condição sujeita a sofrimento, dor e pesar, queima com o fogo da paixão, do ódio e do erro. Ele assim cultiva indiferença pelas coisas impermanentes do mundo.

O *bodhisattva* anseia intensamente pela iluminação e pela verdade. Ele renova sua determinação para assistir, guiar e libertar todas as coisas. Em sua luta pelo conhecimento de Buda, ele se dedica diligentemente ao estudo dos sutras e outros ensinamentos do Buda. Ele se engaja em profunda meditação e introspecção e arranca pela raiz todas as imperfeições.

KSANTI-PARAMITA: A PERFEIÇÃO DA PACIÊNCIA

Neste estágio o *bodhisattva* cultiva a perfeição da Paciência (*Ksanti*), terceiro *paramita*. *Ksanti* também se traduz como perdão, abstenção ou resistência, e ele abrange gentileza e verdadeira humildade.

De acordo com os ensinamentos do Buda, há três aspectos de paciência: a paciência do perdão, a paciência de ser capaz de aceitar o sofrimento e a paciência de ser capaz de se engajar em práticas virtuosas. Geshe Gytaso ensina que a perfeição da paciência...

> *...diz respeito ao modo com que reagimos aos seres e objetos que nos ferem. Temos de entender que não há como dominarmos todos os nossos inimigos externos. Se derrotarmos um inimigo, outro sempre surgirá em seu lugar. Se matarmos alguém que nos feriu, seus parentes e amigos nos atacarão em vingança. Como é possível (...) se libertar de todos os inimigos que são tão infinitos quanto o espaço sideral? Apenas derrotando nossa própria raiva poderemos vencer quem nos faz mal.*[1]

Em vez de reagir com raiva, um *bodhisattva* sempre perdoa os outros por todas as injúrias e abusos. Dayal descreveu da seguinte maneira: "Ele perdoa as pessoas em toda parte, em segredo e em público".[2]

A ANATOMIA DO PERDÃO

Pode ser muito difícil perdoar certas coisas que as pessoas fazem. Pode ser duro perdoar um pedófilo que roubou de uma criança um pedaço de sua alma que ela não vai conseguir recuperar nesta vida. Pode ser difícil perdoar o assassino, o estuprador, aquele que incendeia uma casa ou destrói um negócio, e assim por diante. Então qual é a anatomia do perdão que podemos seguir em sã consciência e com profunda sinceridade, sem reservas?

Primeiro observamos a anatomia do indivíduo. Um indivíduo é composto de muitas partes: uma centelha divina, uma alma que tem potencial de se tornar Deus, uma Presença Interna de Deus, e quatro corpos inferiores (etérico, mental, emocional e físico). O indivíduo contém um registro completo de tudo que transpirou, positivo e negativo, desde que sua alma encarnou pela primeira vez — o registro de todo carma, a psicologia do inconsciente e do subconsciente, e todos os ímpetos positivos, bem como aqueles que não são da luz, como a ganância, a avareza, as intenções homicidas e assim por diante.

Entre esses componentes, quem ou o que comete o ato? É a alma que dá um jeito de se enrolar e ser atacada repentinamente pelo "não eu". Nós criamos este não eu ao longo de muitas vidas, começando pelo primeiro momento em que lançamos duvida sobre Deus ou sobre seus filhos e filhas. Assim, presos entre o não eu e os raciocínios da mente consciente, a alma às vezes é levada a fazer certas coisas que não são da luz.

O POTENCIAL DE CONSUMAR DEUS

A alma pode estar manchada e impura e ter todo tipo de problema, mas ela ainda tem o potencial de um dia compreender Deus. Sendo assim, não importa o quão terrível foi uma atitude ou crime, podemos mesmo assim apelar para a lei do perdão para essa alma. Podemos rezar para a alma receber ensinamento de Deus em planos internos e ficar livre de impulsos de uma psique avariada e de registros do passado que fizeram a alma decidir pecar. Podemos entoar mantras da chama violeta, como os que estão no capítulo 18. E podemos pedir perdão a Deus e rezar para que essa alma dê uma guinada e comece a servir a Deus.

ENCONTRANDO LIBERDADE POR MEIO DO TRABALHO INTERNO

Não é necessário se comunicar com a pessoa para quem se está rezando. Nós simplesmente fazemos nosso trabalho interno, oferecendo nossas preces, lutando para estimular mais ainda a misericórdia, a justiça e a ajuda que sejam necessárias para equilibrar uma situação, e então o resto deixamos com Deus. E quando tivermos feito nosso trabalho interno, poderemos saber com absoluta certeza que no tempo e modo perfeito de Deus a justiça será feita, a alma será ajudada, e se houver possibilidade de oportunidade, ela será dada. Isso nos dá um senso de ter cumprido a lei mais alta.

Ao sinceramente colocar tudo nas mãos de Deus, libertamos a nós mesmos e aos demais da raiva, do ressentimento, do ódio, do desejo de vingança. Cultivar sentimentos assim pode lançar a alma em uma trilha perigosa, tanto nesta vida como na próxima, e não é necessário. Podemos superar essas coisas. E se fizemos carma no caminho, podemos emergir sabendo que caminhamos a última milha a serviço do equilíbrio do carma.

Praticar este exercício de perdão — invocar a lei espiritual de Deus e fazer as pazes com a situação — ajuda a liberar tanto a nós quanto aos demais dos elementos da consciência que não são corretos. Rezamos por nós mesmos e pela outra pessoa para que ela seja livre e iluminada. Rezamos para que nossa alma e as almas dos demais sejam repolarizadas para a Presença de Deus, a alma unida com o coração e a mente purificada. E pedimos que nossas preces sejam multiplicadas para assistir todas as pessoas que estão em situação semelhante. Desta forma estaremos fazendo uma doação alegre e liberta para todos, da forma que lhes seja melhor.

AGUENTANDO NOSSO CARMA

Ksanti, enquanto perfeição da paciência e da tenacidade, também implica aguentar nosso carma. Até que tenhamos compensado cem por cento de nosso carma, teremos carma a suportar. Agora, as situações que encaramos podem ser cármicas ou testes para a alma, ou mesmo uma tentação da qual precisamos fugir. Se não sabemos ao certo de que se trata uma situação específica, podemos rezar para ela e nos dar a Deus. E se precisarmos, podemos buscar ajuda profissional.

Aguentar nosso carma é uma necessidade importantíssima na Senda. Os santos e os *bodhisattvas* — que incluem vocês e eu nos tornando santos, vocês e eu nos tornando *bodhisattvas* — aprendem a atrair para o turbilhão ígneo do coração as energias tanto do carma pessoal quanto do planetário que estejam precisando de transmutação.

O SERMÃO DO BUDA SOBRE AGRESSÃO

Jesus disse a seus discípulos: "em sua paciência vós possuís vossas almas".[3] O Buda ensinou este mesmo princípio. O próximo *jataka* ilustra a perfeição do *ksanti*.

Um tolo, ao saber que o Buda observava o princípio do grande amor que recomenda responder ao mal com o bem, foi até ele e o agrediu. O Buda ficou em silêncio, lamentando sua tolice.

Quando o homem terminou de agredi-lo, o Buda lhe perguntou: "Filho, se um homem se recusa a aceitar um presente que lhe dão, a quem pertencerá o presente?", e ele respondeu: "Neste caso, ele pertence ao homem que ofereceu o presente".

"Meu filho", disse o Buda, "você me atacou, mas eu me recuso a aceitar sua agressão, e requisito que a mantenha consigo mesmo...

"Um homem mau que acusa um virtuoso é como aquele que olha para cima e cospe para o céu; o cuspe não atinge o céu, mas volta e bate na própria pessoa.

"O caluniador é como quem joga pó no outro com o vento contra si; o pó volta para ele mesmo que o atirou. O homem virtuoso não pode ser ferido e a desgraça infligida pelo outro volta para ele mesmo."[4]

Reflexão sobre a Essência

- *De que maneira agir com paciência, tolerância e tenacidade melhora sua alegria e bem estar?*

Meditação sobre a iluminação

Esta meditação é para expandir a sabedoria e irradiar a chama da iluminação para que toda forma de vida seja abençoada.

Feche os olhos e derrame seu amor e gratidão a Deus. O amor que você manda a Deus neste momento lhe retornará em forma de sabedoria.

Visualize o fogo incandescente da chama da iluminação no alto da cabeça. Toque levemente o topo da cabeça com os dedos da mão esquerda. Coloque a mão no colo em concha, de forma receptiva.

Veja sua cabeça e seu chacra da coroa cercados por e infusos com uma luz dourada. Visualize o Buda superposto sobre seu corpo e sinta ou imagine que seu corpo inteiro está sendo iluminado a cada inalação.

Veja a luz seguindo em todas as direções para abençoar a vida. Imagine essa luz dissolvendo tudo que não é como ela, até que tudo se transforme em luz. Se desejar, você pode meditar nas seguintes palavras:

Ó chama de luz brilhante e dourada,
Chama maravilhosa de ser contemplada,
Em cada célula do cérebro brilhando
Na sabedoria da luz tudo decifrando.
Fonte incessante, de iluminação flamejante
EU SOU, EU SOU, EU SOU a iluminação.

10

Quarto Bhumi: Arcismati, o Estágio Radiante

O quarto *bhumi* é *Arcismati*, o Estágio Radiante (ou Flamejante). Apesar de o *bodhisattva* ter alcançado grandes alturas espirituais nos primeiros três estágios, é no quarto estágio que seu apego ao ego termina por completo.

Neste estágio o *bodhisattva* queima os pecados e a ignorância e entra na luz da doutrina. Ele irradia energia da mesma forma que o sol irradia calor e luz. De acordo com um texto antigo, neste estágio o *bodhisattva* está "possuído pelo fogo ardente do conhecimento, pelo qual são consumidos todos os elementos poluidores que se assemelhem a combustível".[1]

Isto não precisa ser um acontecimento futuro. Podemos fazer isso agora mesmo ao queimar o pecado e a ignorância na chama violeta e ao entrar na luz do Buda e na doutrina. E *estamos* irradiando energia exatamente como o sol irradia luz e calor.

VIRYA-PARAMITA: A PERFEIÇÃO DO VIGOR

Neste estágio o *bodhisattva* pratica a perfeição do Vigor ou Energia (*Virya*), o quarto paramita. Dayal escreveu: "A iluminação depende integralmente do *virya* (...) É bem melhor viver um dia pleno de *virya* do que vegetar sem energia durante cem anos".[2]

Virya é a energia e o zelo necessários para superar erros, desenvolver virtude, estudar os ensinamentos e servir aos demais. Sim, isso requer força física. Quando não temos força física, nossa mente enfraquece, nossa força de vontade enfraquece. Virya nos une a tudo que é excelente e é geralmente definida como "energia em busca de Deus".[3]

Podemos determinar por nós mesmos como melhor adquirir *virya* por meio de exercício, dieta, escolhas de vida e assim por diante, de modo que possamos viver e transmitir os ensinamentos com *virya* e com a autoridade de nossa Presença de Deus e Buda Internos. Quando fizermos isso, veremos como as pessoas acreditarão e serão conduzidas à senda, pois reconhecerão Deus falando através de nós.

GUERREIROS DO ESPÍRITO

Alguns santos e indivíduos excepcionalmente determinados superaram adversidades enormes, enfermidades e fraquezas do corpo, e conseguiram chegar bem mais longe do que a vasta maioria da humanidade que tem saúde perfeita e todas as coisas que querem na vida. Se pudermos ver e saber o que alguns conseguiram por meio da força de vontade do espírito, poderemos entender que não há nada nesta oitava que possa deter um guerreiro que tem este verdadeiro espírito. Esta também é uma definição de *virya*.

Virya pode ser compreendida como o fogo no coração que desenvolvemos por meio de meditação dedicada e séria sobre o coração de fogo do Buda. Nós a desenvolvemos ao cultivar profundos sentimentos por Deus e suas manifestações, e ao expressar gratidão por tudo que Deus fez por nós. Essa gratidão é profundo amor, um amor que é profunda alegria. O fogo do amor aumenta cada vez mais este intercâmbio divino. Este amor que afirma uma porção do eu de modo que outros possam ver, outros possam saber, outros possam ser mais do fogo vivo de Deus.

AGARRANDO-SE AO OBJETIVO PERANTE ATRIBULAÇÕES

Uma pessoa de *virya*, quando confrontada com problemas e dificuldades, nunca vacila. Ela se agarra a seus objetivos com zelo e coragem até perante a morte. Gautama demonstrou *virya* por meio de sua determinação inquebrantável de alcançar a suprema iluminação. Os zen-budistas costumam refletir sobre estas palavras que Gautama teria dito quando estava sentado debaixo da figueira, prestes a se iluminar: "Ainda que restem de mim apenas pele, tendões e ossos, e minha carne e meu sangue sequem e sumam, mesmo assim eu não me levantarei daqui antes de alcançar a plena iluminação".

JANAKA ALCANÇA A VIRYA PERFEITA

A antiga história de Janaka fala de uma vida passada de Gautama Buda como *bodhisattva* que alcançou a *virya* perfeita.

O Abençoado [Gautama Buda] nasceu em uma vida passada como Janaka, um próspero mercador que viajava pelos oceanos em busca de riquezas. Em certa ocasião seu barco começou a naufragar no meio do oceano. Parte da tripulação enfrentou as águas e pereceu. Outros ficaram a bordo do navio, implorando aos deuses por salvação, e estes também morreram. Só Janaka, em sua absoluta determinação de sobreviver, passou óleo no corpo, subiu ao topo do mastro e pulou no mar, longe dos peixes famintos que haviam se aproximado do barco.

Ao longo de sete dias, mesmo sem terra à vista, Janaka nadou corajosamente, com firmeza. Ao meio-dia do oitavo dia, um deva apareceu e lhe ofereceu comida. Como Janaka tinha como prática espiritual jejuar a partir do meio-dia, recusou graciosamente a oferta do deva.

Então o deva voltou a testar Janaka, dizendo que ele era bobo de continuar nadando sem terra à vista. Janaka respondeu que mesmo havendo possibilidade de fracassar, não havia desgraça em lutar para alcançar seu objetivo; a desgraça lhe atingiria apenas se, por preguiça, ele não se esforçasse. A deusa ficou satisfeita com o domínio da virya que Janaka demonstrava por meio de sua ousada perseverança perante extrema dificuldade. Ela o conduziu em segurança até a praia.

A VIRYA DE UM HOMEM SALVA MUITAS VIDAS

Eddie Rickenbacker era um famoso piloto de combate da Primeira Guerra e um pioneiro do transporte por aviação. Vamos resumir a seguir dois incidentes notáveis de sua autobiografia de 1967, nos quais ele demonstrava a *virya*:

> *No começo de 1941 houve um acidente com o avião no qual Rickenbacker estava viajando. Ele ficou preso nas ferragens e seu corpo estava coberto de óleo derramado. Apesar de ele ter sofrido ferimentos na cabeça, ter tido nervos esmagados e múltiplas fraturas nos ossos, Rickenbacker permaneceu consciente e consolou e encorajou quem o cercava e também sobrevivera ao acidente. Ele orientou aqueles que podiam caminhar para ir atrás de ajuda.*
>
> *Em sua autobiografia, Rickenbacker conta que durante o resgate no dia seguinte, apesar de ele estar consciente e sentindo dores terríveis, a equipe o ignorou por um tempo enquanto removiam os corpos dos mortos. Mais tarde, no hospital, ele também passou um tempo sem ser atendido enquanto os médicos e a equipe cuidavam dos "vivos".*
>
> *Os ferimentos de Rickenbacker eram graves. Ele passou dez dias entre a vida e a morte e continuou hospitalizado por vários meses. Mesmo assim ele não se recuperou por completo. Em sua autobiografia, ele falou da suprema força de vontade que precisou ter para vencer a morte. Ele passou por tudo isso sem jamais arrefecer sua vontade de viver.*

~ ~ ~

Em 1942, apenas vinte meses depois do acidente de avião, Rickenbacker voltou a ver a morte de perto. A Segunda Guerra estava a caminho e Rickenbacker estava trabalhando como consultor para as forças armadas. Enquanto voava em uma missão secreta, seu avião saiu da rota e os pilotos fizeram um pouso de emergência no Oceano Pacífico. Rickenbacker e os demais ficaram à deriva no mar por 24 dias, sofrendo a exposição ao tempo, desidratação e fome até serem resgatados. Apesar das circunstâncias extraordinárias, apenas uma pessoa morreu.

Após os primeiros três dias à deriva, ficaram sem comida. Eles sobreviveram da água de chuvas ocasionais até o oitavo dia. Nesse dia uma gaivota pousou na cabeça de Rickenbacker. Com movimentos lentos e cuidadosos, ele capturou a ave e dividiu a comida igualmente com todos, guardando um pouco para usar de isca para pescar. Durante os vinte e quatro dias Rickenbacker liderou o grupo, encorajando-os a perseverar e infundindo-lhes o espírito e a vontade de viver.

Reflexão sobre a Essência

- *Relembre uma época em que demonstrou virya ao perseverar em uma situação difícil. O que lhe motivou a continuar seguindo em direção ao seu objetivo?*
- *Que inspiração você encontra nas histórias que refletem a essência de virya como energia, vigor ou perseverança?*
- *Existe algum pequeno passo que você possa dar hoje que aumente seu virya?*

11

Quinto Bhumi: Sudurjaya, o Estágio Dificílimo de Conquistar

O quinto *bhumi* é *Sudurjaya*, o Estágio Dificílimo de Conquistar. Dizem que neste estágio o *bodhisattva* não pode mais ser conquistado pelas forças do mal. Ele passa a desenvolver pureza e compreende de fato as Quatro Nobres Verdades:

Primeira, que a vida é sofrimento (*dukkha*).

Segunda, que a causa do sofrimento é o desejo.

Terceira, que há liberdade ou o fim do sofrimento quando se alcança a libertação (nirvana).

E a quarta, que o caminho para esta liberação é a Nobre Senda Óctupla.

Toda vez que desejamos algo e não conseguimos, sofremos. Esta é a grande conclusão de Gautama Buda — que a vida é sofrimento e a raiz desse sofrimento é que todos temos desejos.

Neste estágio o *bodhisattva* se compadece de todas as pessoas no mundo que são escravas do orgulho e do desejo, e ele se dedica a ajudá-las a alcançar a libertação. Por pura compaixão ele procura atender às necessidades do mundo em que vive. Ele adquire conhecimento das artes e ciências, acelerando em direção a um campo pelo qual pode se dar aos demais e lhes instruir.

Sangharakshita observa que onde quer que o budismo tenha se espalhado na Ásia, trouxe consigo a cultura, as artes, a ciência e todo tipo de conhecimento, e não só doutrinas, ensinamentos e práticas religiosas. Como ele diz, "por meio das artes, das ciências, da mente e do coração — a inteligência, as emoções — ocorre um refinamento que favorece uma sintonia mais íntima com as coisas espirituais".[1]

Alguns comentaristas aplicam a pecha de "dificílimo de conquistar" ao estágio em si, dizendo que enquanto o *bodhisattva* ainda se desesperar com a situação do mundo, continuará neste estágio. O instrutor budista tibetano do século XII sGam.po.pa, aluno mais destacado de Milarepa, explicou isto da seguinte maneira: "Neste nível há duas dificuldade: (i) lutar para trazer os seres sencientes à maturidade espiritual mas ao mesmo tempo (ii) não se desequilibrando emocionalmente quando eles estragam tudo que foi feito por eles".[2]

DHYANA-PARAMITA: A PERFEIÇÃO DA MEDITAÇÃO

Neste estágio o *bodhisattva* se concentra na perfeição da Meditação ou Concentração (*Dhyana*), o quinto paramita. Todas as escolas de budismo concordam que, para uma meditação segura e proveitosa, é necessário um período de afastamento do mundo. Este período pode ser longo ou breve, dependendo do progresso do discípulo.

Os budistas ensinam que a sabedoria brota de uma mente concentrada. Eles usam a vela como analogia. Quando uma vela é colocada onde não há corrente de ar, ela ilumina todo o recinto. Da mesma maneira, é quando a mente está limpa e quieta, livre de distrações, que se dão as percepções mais nítidas.

No clássico texto tibetano *The Jewel Ornament of Liberation*, sGam.po.pa declara: "Aquele que não pratica meditação, apesar de (...) ter todas as demais qualidades, cai na força da inquietude e sua mente é ferida pelas presas das emoções conflituosas".[3]

UM CORDÃO DE CHAMA VIVA

Uma mente e um coração firmes em Deus criam um cordão de chama viva mais forte. Quem passa por essa experiência sabe quanta luz pode fluir pelo cordão para alcançar muitas almas, e não conseguem desviar para a esquerda ou para a direita do objetivo. O cordão de chama viva exerce tamanha pressão e confere tanta graça que, para quem vive essa experiência, ela se torna um meio de salvação para muitos, inclusive para a própria alma da pessoa em questão.

O PODER DA PRECE DO PEREGRINO

O poder de *dhyana* é dramaticamente demonstrado em uma história contada por um peregrino chinês, Hsüan-tsang, que visitou a Índia no século VII. Enquanto navegava no Ganges, seu barco foi atacado por piratas que resolveram matá-lo em sacrifício para seu deus. Hsüan-tsang pediu que lhe dessem alguns momentos para se preparar para entrar no nirvana. O que aconteceu depois foi relatado por René Grousset, um escritor francês especialista em história asiática e oriental:

> *[O peregrino Hsüan-tsang] meditou amorosamente sobre o Bodhisattva Maitreya e concentrou todos os seus pensamentos no Paraíso dos Abençoados, rezando fervorosamente para lá renascer e oferecer seus respeitos e homenagens ao Bodhisattva; para que ele pudesse ouvir a mais excelente Lei exposta e alcançar a perfeita iluminação (essência búdica); para que ele então descesse novamente e renascesse na Terra para pregar e converter aqueles homens e levá-los a agir de acordo com a mais alta virtude e abandonar suas crenças infames; e finalmente para que ele pudesse espalhar e divulgar ao máximo os benefícios da Lei e trazer paz e felicidade a todas as criaturas. Ele então (...) se sentou em postura de contemplação e voltou seus pensamentos avidamente para o Bodhisattva Maitreya.*
>
> *De repente (...) ele se sentiu sendo levantado até o Monte Sumeru, e após passar pelo primeiro, segundo e terceiro paraísos, ele viu o verdadeiro Maitreya sentado em um trono reluzente (...) cercado por uma infinidade de deuses (...) De repente um vento furioso surgiu ao redor deles (...) agitando as ondas do rio e inundando todos os barcos.*

Isto deixou os piratas apavorados. Arrependidos, eles se jogaram aos pés de Hsüan-tsang.

Reflexão sobre a Essência

- *De que maneiras práticas você se beneficiou da dedicação ao ato de refletir, meditar ou se concentrar?*
- *Que benefícios você espera ter em sua vida ao se dedicar a aprofundar esta habilidade?*

Quanto tempo leva para se tornar um Buda?

A esta altura vocês devem estar se perguntando quanto tempo leva para passar por todos os estágios rumo à essência búdica. Har Dayal escreveu: "Um *bodhisattva* — que tenha feito o voto — tem pela frente uma peregrinação incrivelmente extensa. Ele alcançará seu objetivo e se tornará um Buda após o lapso de um período muito extenso de tempo que faz até mesmo número geológicos e astronômicos parecerem insignificantes em comparação".[1]

Os sutras mahayanas dizem que a carreira do *bodhisattva* requer "três *kalpas* incontáveis". O Tratado da Grande Perfeição de Sabedoria descreve a extensão de um *kalpa* como sendo "tão longo quanto o tempo necessário para se gastar um cubo de pedra de 40 *ri* (um *ri* tem cerca de 600 metros) de cada lado sendo esfregado com um pedaço de pano uma vez ao século por uma ninfa celestial".[2]

Na cosmologia budista, um *kalpa* equivale a um quarto do tempo de duração entre a origem e a destruição de um sistema de mundo. De acordo com os cálculos de Dayal, a carreira de um *bodhisattva* abarca cerca de "quatro vezes novecentos e sessenta mil milhões de bilhões de bilhões de bilhões de bilhões de anos". Dependendo de nossa definição de um *kalpa*, ele diz que pode levar cerca de "apenas 960 milhões de anos".[3]

Não se desesperem ainda! De acordo com registros nas escrituras tântricas, o Buda diz que a essência búdica pode ser alcançada em dezesseis vidas ou menos. E pelo menos uma linha Mahayana acredita que seja possível alcançar a essência búdica em uma só vida. Dizem que a *bodhisattva* Kuan Yin pulou direto do primeiro ao oitavo estágio da senda de *bodhisattva*.

O segredo que temos hoje é a chama violeta. Ela é o segredo da aceleração, e nós aceleramos ao nos entregarmos a esta senda, evocando diligentemente a chama violeta do perdão, equilibrando nosso carma com entusiasmo e alegria, e passando em nossos testes.

Ciclos de mestria crescente

Ao estudarmos os estágios do caminho do *bodhisattva* em vários textos budistas, encontramos coincidências e repetições nas descrições da consecução, da consciência e das atividades do *bodhisattva* de um estágio para outro. A cada novo estágio, o *bodhisattva* entra em um novo nível de iniciação. Ele ganha novas iniciações, cada qual mais avançada, mas elas costumam conter os mesmos princípios das iniciações anteriores.

As habilidades do *bodhisattva* vão aumentando a cada ciclo. É como aprender a tocar piano. Começamos com uma melodia simples e depois vamos gradualmente acrescentando acordes e harmonias. No final a melodia vai se aprofundando e se enriquecendo, e adquirimos mais domínio e mestria.

12

Sexto Bhumi: Abhimukhi, o Estágio Cara a Cara

O sexto *bhumi* é *Abhimukhi*, o Estágio Cara a Cara. Neste estágio o *bodhisattva* se aproxima da Realidade e avança rumo ao conhecimento búdico. Ele está livre de desejos e enxerga além das percepções relativas do Eu e do Outro, do Fazedor e do Sabedor, da Existência e da Não Existência.

Às vezes este *bhumi* é chamado de Estágio Mais Próximo, pois o *bodhisattva* fica "mais próximo das propriedades do Buda".[1] O *bodhisattva* tem as conquistas de um *arhat* e pode entrar no nirvana, liberto dos ciclos de morte e renascimento. Mas devido a sua intensa compaixão por todos os seres, ele opta por continuar no mundo até poder levar a todos consigo. Uma história zen-budista popular ilustra este conceito.

TRÊS HOMENS E UM MURO

Três homens estão perambulando no mato quando se deparam com um complexo de prédios cercados por muros. Um deles instiga o outro a ver o que tem do outro lado. Após sondar a área, ele entra em êxtase e sobe o muro. Então o segundo é empurrado para cima. Ele também espia o outro lado e imediatamente pula, abandonando o terceiro.

O terceiro fica altamente motivado a descobrir o que há do outro lado. Com grande dificuldade, ele sobe o muro. Do outro lado ele vê um paraíso com vegetação luxuriante, árvores carregadas de frutas maduras e um córrego de água cristalina. Mas em vez de pular o muro, ele volta para contar ao mundo sua descoberta.

PRAJNA-PARAMITA: A PERFEIÇÃO DA SABEDORIA

Neste estágio o *bodhisattva* cultiva a perfeição da Sabedoria (*Prajna*), o sexto *paramita*. O Sutra Dharani do Grande Coração de Compaixão registra os famosos votos de Kuan Yin. Entre eles se encontra o voto do *bodhisattva* de "rapidamente embarcar no barco de *prajna*", o que significa adquirir sabedoria rapidamente. Outro sutra diz que o *prajna* afugenta o exército de Mara (as forças da tentação) da mesma forma que a água destrói um recipiente feito de argila crua.

Um *bodhisattva* que adquiriu *prajna* dá tudo que tem e seu caráter é impecável. Motivado por grande amor e compaixão, ele aprofunda sua prática de meditação, consegue alcançar um grande poder de concentração e continua intocado pela tentação.

O *prajna* tem sido chamado de amigo próximo do *bodhisattva* e de "pérola de grande preço". Isto porque o *bodhisattva*, ao verdadeiramente alcançar o nível transcendental de perfeição dessas virtudes, as pratica com *prajna*. Portanto, considera-se que o *prajna* inclui todos os demais *paramitas* e que seja ainda maior do que todos eles.

Um certo número de escrituras budistas se concentra na perfeição do *prajna*. Mas o *prajna* vai além do mero entendimento da sabedoria. O *bodhisattva* com o verdadeiro *prajna* conhece a Realidade profunda e completamente. Essa sabedoria aperfeiçoada leva o *bodhisattva* a um nível de entendimento além dos opostos, além da dualidade.

SABEDORIA E COMPAIXÃO NO BODHISATTVA

A história do Sutra Vimalakirti Nirdesa (Falado por Vimalakirti) ilustra o conceito de sabedoria além da dualidade, e também oferece um vislumbre da natureza da verdadeira compaixão. Vimalakirti (Reputação Impecável) é um *bodhisattva* do reino da profunda alegria que aperfeiçoou cada uma de suas virtudes e aparece na terra disfarçado de rico chefe de família para ensinar certas lições. Aqui ele dá uma lição sobre a natureza da doença:

> *Em certa congregação do Buda, Vimalakirti não estava presente por motivo de doença, então Buda pediu a vários* bodhisattvas *que fossem averiguar a enfer-*

midade, mas todos se recusaram alegando que não eram dignos, dando exemplos específicos de sua sabedoria e virtude. Enfim Manjusri se comprometeu a ir. Quando lhe perguntou sobre sua saúde, Vimalakirti respondeu com as famosas palavras: "A doença de um bodhisattva *vem da grande compaixão, e existe no momento em que a ignorância está em todos os seres. Quando a doença de todos os seres terminar, então terminará também minha doença. Estou doente porque seres estão doentes".[2]*

A VERDADEIRA COMPAIXÃO É LIVRE DE SENTIMENTALISMO

O Sutra Vimalakirti transmite um sublime ensinamento sobre a senda do *bodhisattva*. O *bodhisattva* carrega as doenças do povo da Terra em seu corpo, apesar de afirmar que elas não são de verdade, pois o corpo carece de substância e a mente é efêmera. Ele não tenta se livrar dessas doenças para o próprio conforto, ao contrário, carrega-as para o conforto alheio.

Vimalakirti diz que a compaixão do *bodhisattva* é desprovida de sentimentalismo. Ele explica que visões sentimentais exaurem o indivíduo ao reforçar a condição humana, amarrando assim a pessoa sentimental a esta condição. Em contraste, a grande compaixão é livre de sentimentalismo e jamais exaustiva. Portanto, o *bodhisattva* expressa compaixão enquanto mantém a mente livre de envolvimento. O *bodhisattva* se recusa a ficar atrelado ao carma da pessoa. Pelo contrário, ele eleva a pessoa a uma dimensão mais elevada de seu ser.

Se formos elevar as pessoas, não podemos nos prender a emoções e paixões inferiores. Não podemos ajudar as pessoas se descermos ao nível delas. Nós permanecemos em nosso próprio nível e as elevamos com grande compaixão.

Reflexão sobre a Essência

- *De que maneiras você se vê na história dos três homens e o muro?*
- *Recorde uma época em que agiu com verdadeira compaixão e outra quando agiu com sentimentalismo. Compare as diferentes formas em que estas situações lhe afetaram. Que impacto elas causaram na pessoa ou na situação que você procurou ajudar?*
- *Como os ensinamentos de Vimalakirti sobre doença iluminaram seu entendimento?*

Prece tibetana para Manjushri

Manjushri, o Bodhisattva da Sabedoria, é um ser de mestria búdica. Os budistas tibetanos oferecem uma prece a Manjushri que invoca sabedoria e iluminação. Nesta prece, quando nós nos "curvamos" a ele, estamos nos curvando à luz dentro dele. A referência a Manjushri como "o ser compassivo" enfatiza o equilíbrio perfeito entre a sabedoria e a compaixão em seres plenamente iluminados.

A ti eu me curvo, ó Manjushri.
Com o brilho de tua sabedoria,
Ó compassivo,
Ilumine as trevas que envolvem minha mente.
Alumie minha inteligência e sabedoria
Para que eu possa apreender
As palavras do Buda e os textos
Que as explicam.[1]

A espada flamejante de Manjushri representa a sabedoria que corta a ignorância. A flor apoia o Sutra Prajnaparamita, simbolizando iluminação.

13

Sétimo Bhumi: Duramgama, o Estágio de Longo Alcance

O sétimo *bhumi* se chama *Duramgama*, o Estágio de Longo Alcance. Analistas são reticentes ao especular sobre o que ocorre na senda do *bodhisattva* além do sexto estágio. Beatrice Suzuki escreve:

> *O Bodhisattva é agora um ser muito elevado, tão elevado que nossas mentes comuns e relativas não o podem acompanhar. Para entendê-lo, precisamos nós mesmos estar onde ele se encontra...*
>
> *Ele agora domina todas as formas de conduzir as pessoas ao Bodhi. Este estágio (...) oferece o pleno desenvolvimento da inteligência do Bodhisattva. Apesar de ele não ter mais pensamentos mundanos, ele pode, por meio de sua enorme compaixão, ajudar os demais com seus problemas neste mundo, e ele recorre ao próprio mérito para ajudá-los.*[1]

Sangharakshita explica: "Deste ponto em diante, todas as tentativas de descrever os Estágios pelos quais ele passa resultam inevitavelmente em (...) deturpação (...) O progresso do Bodhisattva não é mais o progresso de um indivíduo. Agora ele é uma força cósmica impessoal".[2]

O acadêmico H. Wolfgang Schumann diz que, neste ponto, "o Bodhisattva passa para outra forma de ser. Ele se torna um *Bodhisattva Transcendente*, o que significa que ele não está mais amarrado ao corpo físico".[3]

D. T. Suzuki descreve assim:

Em suma, o próprio Bodhisattva vive em um plano mais elevado de espiritualidade, bem além das impurezas do mundo; mas ele não se recolhe em sua serena e imperturbada subjetividade; ele se lança com ousadia no mundo das características individuais e dos sentidos; e, colocando-se no nível dos seres ignorantes, ele trabalha como eles, se esforça como eles e sofre como eles; e nunca cessa, todas essas vezes, de praticar o evangelho da bondade amorosa e de dedicar (...) todos os seus méritos à emancipação e à edificação espiritual das massas, ou seja, ele jamais se cansa de praticar as dez virtudes da perfeição".[4]

UPAYA-PARAMITA: A PERFEIÇÃO DOS MÉTODOS APURADOS

Neste estágio o *bodhisattva* pratica os dez paramitas, mas cultiva especialmente a perfeição dos Modos Apurados (*Upaya*), o sétimo paramita. Isso significa que ele planeja todas as formas possíveis de instruir e libertar as almas. No sutra que leva seu nome, Vimalakirti diz: "O *Prajna* é a mãe do Bodhisattva e *Upaya* é o pai; não há líder da humanidade que deles não tenha nascido".[5] Apesar de apenas a sabedoria ser capaz de libertar totalmente do sofrimento, eu acrescentaria que a sabedoria por si só não pode nos conduzir sem amor e sem obediência à vontade de Deus.

Neste estágio o *bodhisattva* pode aparecer no mundo quando necessário para ajudar e libertar os seres. Podemos ver um exemplo disto no vigésimo quinto capítulo do Sutra da Lótus. Ele descreve vários testes, sofrimentos e eminências de desastre — inclusive naufrágio, fogo, inundação, prisão, agressores, ladrões, demônios, luxúria e ânsia, ignorância e estupidez, ódio e ira, venenos fatais e tragédias cármicas — dos quais um devoto pode ser salvo se seus pensamentos se fixarem no poder de Kuan Yin e ele chamar seu nome.

Às vezes um *bodhisattva* transcendente aparece em toda sua glória espiritual, mas ele pode assumir qualquer forma que melhor lhe permita alcançar aqueles a quem está tentando ajudar. Novamente exemplificamos com o capítulo vigésimo quinto do Sutra da Lótus. Pergunta ao Buda como a *bodhisattva* Kuan Yin viaja no mundo de sofrimento e como ela prega o *dharma* aos seres vivos. Ele descreve como Kuan Yin pode aparecer de 33 formas diferentes para se adequar ao temperamento de quem ela está tentando salvar:

Se há seres na terra que podem ser conduzidos à libertação pelo corpo de um Buda, então a eles a bodhisattva *prega o* Dharma *ao exibir o corpo de um Buda.*

Àqueles que podem ser conduzidos à libertação pelo corpo do general dos deuses, ela prega o Dharma ao exibir o corpo do general dos deuses.

Àqueles que podem ser conduzidos à libertação pelo corpo da esposa de um ancião, chefe de família, autoridade ou Brahman [sacerdote], ela prega o Dharma exibindo o corpo de uma mulher...

PRANIDHANA-PARAMITA: A PERFEIÇÃO DO VOTO

Os budistas costumam contar a parábola da casa pegando fogo, do terceiro capítulo do Sutra da Lótus, para ilustrar a perfeição dos Modos Apurados. Esta versão é contada por Nikkyo Niwano em *A Guide to the Threefold Lotus Sutra*:

Em uma cidade de determinado país havia um grande ancião. Sua casa era enorme, mas só tinha uma porta estreita. A casa estava terrivelmente dilapidada e de repente, um dia, pegou fogo e as chamas começaram a se espalhar rapidamente. Os muitos filhos do ancião estavam todos dentro de casa. Ele implorou para que os filhos saíssem, mas eles estavam totalmente entretidos com sua brincadeira. Apesar de parecer inevitável que as crianças acabassem se queimando, elas não repararam e não se apressaram a fugir.

O ancião esperou um pouco. Ele era muito forte e poderia enfiar as crianças em uma caixa ou algo assim, e carregá-las todas de uma vez. Mas então pensou que se fizesse assim, alguma delas poderia cair e se queimar. Então ele decidiu avisá-las de como o fogo era temível para que assim saíssem por si mesmas.

Em voz alta ele as mandou sair de uma vez para não serem queimadas vivas, mas as crianças meramente levantaram os olhos e não se abalaram.

O ancião então se lembrou de que todos os seus filhos queriam carroças, então ele os mandou sair logo que ele estava com as carroças puxadas por bodes, por cervos e por bois que eles sempre quiseram.

Quando as crianças ouviram isso, finalmente prestaram atenção e caíram umas sobre as outras na pressa de sair, de modo que acabaram escapando da casa em chamas. O ancião ficou aliviado ao ver que os filhos estavam a salvo, e quando eles começaram a perguntar pelas carroças ele deu a cada um não as carroças comuns que eles sempre quiseram, mas carruagens espetacularmente decoradas com coisas preciosas e puxadas por belos bois brancos.[6]

Os budistas mahayanas encaram o pai nesta parábola como sendo o Buda. As crianças são os homens e mulheres comuns, e a casa em chamas é a vida no mundo. Eles entendem os três tipos de carroças como sendo as diferentes sendas do budismo. A luxuosa carruagem é a senda do *bodhisattva*, que leva todos os seres à essência búdica.

Reflexão sobre a Essência

- De que maneiras você já usou suas habilidades para ajudar as pessoas?
- Recorde um tempo, talvez quando você era criança, quando você foi guiado pela habilidade de outra pessoa. Como isto lhe ajudou?
- Imagine que, como Kuan Yin, você é um bodhisattva transcendente dotado da habilidade de aparecer em qualquer forma que melhor lhe permita alcançar alguém que deseje ajudar. Que forma você assumiria e que desafio você encararia? Visualize o melhor resultado possível para o tal desafio ou situação.

14

O itavo Bhumi: Acala, o Estágio Imóvel

O oitavo *bhumi* se chama *Acala*, o Estágio Imóvel (ou Irreversível). Este estágio é considerado tão importante que também é chamado de estágio da Perfeição, do Nascimento, da Finalidade. Neste estágio, todos os Budas aparecem diante do *bodhisattva* e o estimulam a alcançar a essência búdica. Eles o "iniciam no Conhecimento infinito"[1] e o relembram de seu Grande Voto com o objetivo de persuadi-lo de entrar no nirvana.

Neste estágio o *bodhisattva* alcançou o estado de consciência que só conseguimos conceber como divino. Sangharakshita diz: "Ele conhece em detalhes a evolução e a involução do universo, a composição de seus elementos e a natureza de seus seres. Ele agora tem todas as qualidades de um Buda, e por causa disso a possibilidade de regredir é permanentemente descartada"[2].

A NATUREZA NÃO DUAL DA REALIDADE

Sangharakshita explica a maneira pela qual o *bodhisattva* chega a este estágio que se encontra além de qualquer possibilidade de retrocesso:

> *Falando em linhas gerais, o Bodhisattva se torna Irreversível pela realização do "Grande Vazio", Maha-sunyata (...) [Ele] entende que a diferença entre os dois — que este é condicional, aquele é Incondicional, que este é o mundo, aquele é o nirvana — (...) não se sustenta como válida (...)*
>
> *Ele desperta deste sonho de pensamento dualista para a luz, para a realidade da mente única, da mente não-dual, da Realidade não-dual (...) Ele enxerga o completo absurdo, portanto, da própria ideia de uma emancipação individual, e assim (...) o Bodhisattva se torna Irreversível. Ele não pode cair de volta na busca por emancipação individual, pois ele não vê nenhuma emancipação individual na qual cair de volta.*[3]

PRANIDHANA-PARAMITA: A PERFEIÇÃO DO VOTO

A partir deste estágio, as atividades do *bodhisattva* são espontâneas e automáticas, brotando de sua suprema compaixão e sabedoria. Neste estágio ele e os demais *bodhisattvas* cultivam a perfeição do Voto (*Pranidhana*), o oitavo paramita.

O que impele o *bodhisattva* a continuar é sua grande compaixão por todos que precisam de ajuda. Ele percebe que, se não lhes estender a mão oferecendo ajuda, ninguém o fará. E neste momento o amor em si fornece a intensidade, o fogo que leva o *bodhisattva* a salvar os desesperados.

O amor que esquece de si mesmo e se joga para salvar uma vida cria uma abertura para que entre no coração o grande fogo do Espírito. O coração forte e virtuoso nasce do processo no qual tudo de Deus, toda a vida, toda a alma e o espírito dentro do *bodhisattva* corre para ajudar ao próximo.

PARANDO NA ENTRADA DO PARAÍSO

O nome Kuan Yin é a forma abreviada de Kuan Shih Yin, que significa literalmente "observando os sons do mundo". De acordo com a lenda, Kuan Yin estava prestes a entrar no paraíso mas parou na entrada quando os gritos do mundo lhe alcançaram os ouvidos. De acordo com outra tradição, eras atrás, quando Kuan Yin fez o voto de *bodhisattva*, ela pediu que lhe dessem mil mãos e mil olhos para ela poder ajudar melhor todos os seres vivos. Seu pedido foi imediatamente atendido.

Podemos deixar esta Terra enquanto ainda existe gente sofrendo? Acho que não. Nós desejamos curar sua dor bem como a causa, o carma, que só leva a mais sofrimento por meio de desejos errados. A cura de nosso planeta requer um ensinamento e uma senda que nos dê iluminação para encarar o carma que colhemos. Assim, que também possamos parar no umbral entre o céu e a Terra, trilhando nossa senda para a essência búdica através da misericórdia e compaixão oferecidas de nosso coração a todas as partes da vida.

Reflexão sobre a Essência

- Reflita sobre um incidente no qual você sentiu que um ser celestial estava lhe protegendo, tomando conta de si ou de um ente querido ou intercedendo a seu favor.
- Há momentos em que você poderia usar cem braços ou olhos para ajudar as pessoas?
- Considere como rezar para ter recursos em vez de fechar a porta para as exigências da vida acaba permitindo que resultados miraculosos aconteçam.

15

Nono Bhumi: Sadhumati, o Estágio dos Bons Pensamentos

Agora chegamos ao nono *bhumi*, *Sadhumati*, o Estágio dos Bons Pensamentos. Neste estágio o *bodhisattva*, como Pregador da Lei, transmite o ensinamento do Buda a todos que sofrem. Seus pensamentos são bons devido ao vasto conhecimento analítico que ele ganhou, por meio do qual conhece todos os pensamentos e desejos dos homens e prega de acordo com as necessidades de seu temperamento e através de basicamente qualquer veículo. Este estágio também é chamado de Estágio da Sabedoria Perfeita.

BALA-PARAMITA: A PERFEIÇÃO DA FORÇA

Neste estágio o *bodhisattva* cultiva a perfeição da Força e Poder Espiritual (*Bala*), o nono paramita, para ajudar em sua função de libertação de todos os seres. Ele vivencia muitos *samadhis*. Um samadhi é um estado de profunda meditação, uma forma de concentração. Cada *samadhi* tem um nome definido, produz resultados específicos e no qual se pode entrar por um período quase infinito de tempo.

Os *samadhis* podem ser empregados por *bodhisattvas* de muitas formas maravilhosas para a libertação das almas. Esta habilidade é ilustrada em um sutra sobre Manjushri, o *Bodhisattva* da Sabedoria. Esta versão é adaptada do *Treasure of Mahayana Sutras* de Garma Chang.

O SAMADHI DE DERROTAR DEMÔNIOS

Manjushri entrara no Samadhi de Derrotar Demônios (...) (e fez com que) dez bilhões de palácios de demônios (...) ficassem dilapidados, velhos e escuros (...) Os demônios (da mesma forma) viram seus corpos ficando embotados, decrépitos, fracos e macilentos, e tiveram de caminhar se apoiando em bastões [e cheios de medo] (...)

(...) Manjushri novamente usou seus poderes miraculosos para produzir magicamente dez bilhões de devas que surgiram perante os demônios e lhes disseram [que tudo o que os fizera cair tinha relação com o poder impressionante de samadhi de Manjushri. Os demônios temeram muito Manjushri e imploraram aos devas que os salvassem do perigo.] (...)

(...) [Os] devas disseram aos demônios: "Não tenham medo! Não tenham medo! Agora é melhor vocês irem logo ver o Buda Sakyamuni (...) [Ele] é muito bondoso e compassivo; os seres sencientes serão alivia-

dos de suas apreensões e sofrimentos e terão paz e felicidade se nele se refugiarem (...)

(...) Os reis demônios e seus vassalos ficaram eufóricos (...) Instantaneamente, chegaram ao local onde o Buda Sakyamuni estava e disseram em uníssono: "Universalmente Honorável Buda de grande virtude, que o senhor nos proteja e nos salve (...) Nós preferimos aceitar os nomes de centenas de milhares de milhões de bilhões de Budas do que ouvir apenas o nome do Bodhisattva Manjushri" (...)

O Buda lhes disse, "Esperem um momento. Quando Manjushri retornar, ele lhes livrará de sua vergonha" (...)

(...) [Quando Manjushri retornou, Buda lhe disse] (...) "Retire seus poderes miraculosos e faça com que os demônios retornem à forma original."

(...) Manjushri pediu aos demônios: "Gentis senhores, por acaso detestam de fato esta sua aparência?"

Os demônios responderam: "Sim, grande sábio".

Manjushri disse aos demônios: "Neste caso, agora terão de detestar o desejo e não se apegarem aos três reinos [os reinos do desejo]".

Os demônios disseram: "Sim, grande sábio. Após ouvirmos seus bons ensinamentos, como ousaríamos desobedecer?" (...)

Por conseguinte, Manjushri (...) restaurou a forma original dos demônios (...)

[Ele pregou a doutrina para eles e] dez mil reis demônios alcançaram o supremo bodhicitta e quarenta e oito mil demônios vassalos se libertaram de suas impurezas.[1]

Reflexão sobre a Essência

- *De que forma sua compreensão da perfeição de bala, força e poder espiritual, lhe inspira?*
- Se você conseguir aplicar algum tipo de samadhi, ou forma de concentração, qual samadhi escolheria e de que maneira o usaria?

16

Décimo Bhumi: Dharmamegha, o Estágio da Nuvem do Dharma

Agora chegamos ao décimo e último *bhumi*, *Dharmamegha*, o Estágio da Nuvem do Darma. O ilustre sGam.po.pa explicou que este estágio recebeu este nome por "permitir que o Dharma caia como chuva e elimine o brilho sutil das emoções conflitantes que ainda habitam os seres sencientes. Outra razão é ele ser coberto por absorção meditativa e mantras como o céu com nuvens".[1] Este é o estágio da consagração, no qual o *bodhisattva* alcança todas as realizações, poderes e características de um Buda.

Neste estágio o *bodhisattva* é visto em seu corpo glorioso, sentado sobre uma lótus celestial adornada com joias. Ele está cercado por inúmeros Budas e *bodhisattvas*. Raios de luz emanam de seu corpo, iluminando o universo e curando a dor e a infelicidade dos seres sencientes. Raios de luz também emanam de todos os Budas, consagrando o *bodhisattva* como Buda. Sangharakshita diz sobre este estágio:

> O bodhisattva, *agora Supremo Buda, alcançou o "infinito fim" de sua carreira (...) Ele realiza façanhas de poder sobrenatural e emana incontáveis Formas Transcendentais por meio das quais, em cumprimento de seu Grande Voto Original, Ele daqui por diante trabalhará pela emancipação de todos os seres sencientes.*

JNANA-PARAMITA: A PERFEIÇÃO DO DIVINO CONHECIMENTO TRANSCENDENTAL

Neste estágio o *bodhisattva* alcança a perfeição do Divino Conhecimento Transcendental (*Jnana*), o décimo paramita. No budismo, *jnana* se refere à pura consciência, à sabedoria primordial livre de conhecimentos divididos ou de obstáculos conceituais.

A PERFEITA UNIDADE DA NOBRE SABEDORIA

De acordo com o acadêmico Dwight Goddard, a culminação da senda do *bodhisattva* rumo à essência búdica é...

> (...)*a Perfeita União da Nobre Sabedoria [onde] não há graduação, nem sucessão e nem esforço. O décimo estágio é o primeiro, o primeiro é o oitavo, o oitavo é o quinto, o quinto é o sétimo: que graduação pode haver*

na qual prevaleça a perfeita Ausência de Imagem e a Unidade? E qual é a realidade da Nobre Sabedoria? (...) [Ela] não tem limites nem fronteiras; ela ultrapassa todas as terras búdicas, e penetra (...) as mansões celestiais de Tushita.[3]

Talvez o modo mais acurado de descrever este estágio, bem como a própria senda da essência búdica, seja com uma historinha sobre o Buda:

O Buda certa vez juntou um monte de folhas de sisu e disse aos monges:

"Monges, o que vocês acham mais numeroso, este pequeno punhado de folhas ou aquelas no bosque inteiro?"

"Muito pouco numerosas são as folhas que você pegou. Muito mais numerosas são aquelas que ficaram no bosque inteiro."

"Da mesma forma, monges, muito mais numerosas são as coisas que eu descobri mas não revelei."[4]

Reflexão sobre a Essência

- Se você tivesse jnana, divino conhecimento transcendental, e tivesse a mestria de um Buda, em que bem se concentraria?
- Crie uma visão da terra na qual este bem se realiza plenamente.

Os três corpos de sua natureza búdica
De cima para baixo: O Dharmakaya,
Sambhogakaya e Nirmanakaya.

17

A Doutrina do Trikaya
(Os três corpos de Buda)

Alguns budistas acreditam que cada aspirante à essência búdica sucessivamente "veste" três corpos. Ele começa no nível do *Nirmanakaya*, chamado de Corpo de Transformação. Esta é a forma física de um Buda encarnado, tal como Gautama Buda. Também é o corpo refinado e purificado do discípulo aplicado que evolui na senda espiritual. Na Imagem, ele se relaciona à figura inferior.

O aspirante então veste o *Sambhogakaya*, o Corpo de Glória ou Corpo de Inspiração. Ele se relaciona ao Eu Búdico, ou Eu Superior, correspondendo à figura do meio na Imagem.

Em seguida, ele veste o *Dharmakaya*, que é chamado de Corpo da Lei ou Corpo da Primeira Causa — o corpo sempiterno e permanente do Buda. Ele corresponde à figura superior da Imagem.

Quando os três corpos do Buda estão unidos e são experimentados simultaneamente, são chamados de *Vajrakaya*. O *vajra* (diamante, adamantino), simboliza a natureza indestrutível da sabedoria do Buda.

A união destes três corpos é correlata com a plena integração da alma com sua imagem divina — o Eu Superior (Buda) e a Presença de Deus — e sua ascensão final a Deus.

18

Mantras para sabedoria e compaixão

Quando entoamos um mantra, estamos invocando a luz para que ela desça do reino do Espírito para mudar a matéria aqui em baixo. Quando sabemos o significado de um mantra, passamos a entender o ser iluminado que inspira o mantra e enviamos um extraordinário amor a este ser por meio da constante repetição do mantra, abrimos canais para sermos retribuídos com um amor e uma luz extraordinários.

Sangharakshita escreveu que "ao repetir o mantra e assumir o *mudra* [gesto ritual] de qualquer Buda ou Bodhisattva a pessoa consegue não apenas se corresponder e se alinhar com uma ordem específica de realidade que ele personifica, mas também ser infundido pelo seu poder transcendental".[1]

Fazer um mudra nos une ao poder e presença do ser a quem o mudra pertence. A presença de um ser iluminado é uma réplica poderosa da totalidade do seu corpo de luz tangível, que pode ser focalizado no tempo e no espaço dentro da aura de um discípulo. Assim, um devoto que, em nome de sua Presença de Deus, invoca aquele ser pode ser abençoado com a presença divina deste ser.

Recitar mantras budistas nos une à vasta consciência cósmica de todos os seres que alcançaram este grau de autoconsciência divina chamado Buda. Isto inclui os grandes *bodhisattvas* de mestria búdica, como Kuan Yin e Manjushri. Discípulos budistas recitam mantras para invocar o poder e a presença de um ser divino. Em algumas tradições, devotos usam mantras em meditação para ajudá-los a se unirem à deidade que estão invocando. Muitos budistas repetem um mantra favorito muitas centenas ou milhares de vezes.

Todos os Budas e grandes *bodhisattvas* aparecem em uma aura de chama violeta. Assim, quando entoamos mantras budistas, estamos invocando a liberação de chama violeta desses grandes seres além das outras qualidades e bênçãos que o mantra específico invoca.

OM BUDA: O PODER DO MANTRA E DO MUDRA

Para ilustrar o poder do mantra e do mudra, tomemos o mantra *Om Buda*. Quando damos devoção ao Buda ao recitar este mantra, a gentil presença de Buda desce sobre nós, nos dando a oportunidade dos nossos corpos e chacras serem alinhados num nível mais elevado.

Tentem dizer o mantra *Om Buda* 144 vezes, enviando amor e devoção ao Buda ao repeti-lo. Usem o mudra de tocar o chão enquanto fazem o mantra. Este mudra significa a natureza imperturbável e firme do Buda; ele está associado a Gautama derrotar Mara logo antes de alcançar sua iluminação final.

Para fazer o mudra de tocar o chão, sente-se e ponha a mão esquerda em concha no colo. Com a mão direita também em concha e voltada para baixo, toque o chão simbolicamente. Faça este mudra sentindo-se ser envolvido e ofuscado por Gautama Buda e com a expectativa de afugentar todos os demônios que se opõem ao seu plano divino.

Om Buda

UMA VISUALIZAÇÃO PARA ENTOAR MANTRAS

A melhor posição para entoar um mantra é sentado em uma cadeira com a coluna ereta e os pés no chão, ou então sentado na postura de lótus plena ou parcial. Puxe o plexo solar para dentro. Visualize a si mesmo no coração do Buda e o Buda em seu coração. Isto pode ser uma visualização sem fim: você dentro do Buda, e o Buda dentro de você. Veja-a como um intercâmbio sem fim de si mesmo no ser do Buda, no ser de Deus.

OM AH HUM VAJRA GURU PADMA SIDDHI HUM

Padma Sambhava, o Ser Nascido do Lótus, é reverenciado como fundador do budismo tibetano. Seus devotos costumam chamá-lo de Guru Rinpoche (Precioso Guru). Dizem que Padma Sambhava era professor na grande universidade monástica em Nalanda, Índia, no século oito. De acordo com a tradição tibetana, Padma Sambhava escondeu escrituras contendo ensinamentos esotéricos, que foram descobertos por certos discípulos séculos mais tarde.

O mantra de Padma Sambhava, conhecido como o mantra *Vajra Guru*, é *Om Ah Hum Vajra Guru Padma Siddhi Hum*. Um Vajra Guru é um ser que dominou completamente a senda do budismo vajrayana. Ao longo de séculos, devotos de Padma Sambhava receberam bênçãos ao invocar este mantra, que significa: "Padma Sambhava, que nasceu do lótus, por favor me conceda realizações comuns e supremas, *Hum*"!

Padma Sambhava ensinou Yeshe Tsogyal, uma de suas principais discípulas, a usar seu mantra para espantar os males do período eminente de grande escuridão. Seus devotos invocaram este mantra para criar paz e harmonia e como antídoto para confusão e desordem. É um mantra para a era em que vivemos, época de retorno cármico planetário. Padma Sambhava disse que quanto mais usarmos esse mantra, maior o benefício.

Om Ah Hum Vajra Guru Padma Siddhi Hum

O INCALCULÁVEL MÉRITO DO MANTRA OM MANI PADME HUM

Os devotos invocam o poder e a misericordiosa intercessão de Kuan Yin (Avalokiteshvara) com o mantra *Om Mani Padme Hum*, cuja tradução é "Eu saúdo a joia no lótus". Também dizem que o mantra se refere ao Absoluto contido em tudo. Além disso, assim como ocorre com todos os mantras budistas, quando entoamos qualquer um dos mantras ou votos de Kuan Yin, também estamos invocando a ação de transmutação da chama violeta.

Yeshe Tsogyal registrou os ensinamentos de Padma Sambhava sobre este mantra para o rei do Tibete e seus discípulos mais próximos. Acredito neste ensinamento com profunda convicção, pois o mantra *Om Mani Padme Hum* é a formula geométrica, ou mandala, que nos une ao coração de Kuan Yin. Eis o ensinamento de Padma Sambhava:

OM MANI PADME HUM é a quintessência do Grande Ser Compassivo, de modo que o mérito de pronunciar tal mantra uma vez só é incalculável (...)

(...) Estas seis silabas são a quintessência da mente do nobre Avalokiteshvara. Quem recitar este mantra 108 vezes por dia ficará livre de reencarnar nos três reinos inferiores. Na vida seguinte renascerá num corpo humano e terá uma visão do nobre Avalokiteshvara. Quem recitar diariamente o mantra corretamente, vinte e uma vezes, será inteligente e capaz de reter aquilo que aprender. Terá uma voz melodiosa e se tornará um adepto no significado de todo o Budadarma (...)

Para quem está sofrendo de doença ou influencias nefastas, o mérito das Seis Sílabas é muito mais eficaz para afastar obstáculos ou doenças do que qualquer ritual mundano de cura ou para afastar obstáculos. Comparado a qualquer tratamento médico ou de cura, as Seis Silabas são o remédio mais forte contra a doença e o mal.

As virtudes das Seis Sílabas são imensuráveis e nem mesmo os Budas das três eras foram capazes de descrevê-las a contento. Qual a razão disso? É por-

que este mantra é a quintessência da mente do nobre bodhisattva Avalokiteshvara, que sempre cuida das seis classes de seres sencientes com compaixão. Portanto, a recitação deste mantra libera todos os seres de samsara.

Reis e discípulos de gerações futuras,
Aceitem o Grande Ser Compassivo como seu yidam
[seu guia pessoal para a iluminação].
Recitem as Seis Sílabas como o mantra essencial.
Libertem-se do medo de descer aos reinos inferiores.
Avalokiteshvara é a deidade destinada ao Tibete,
Portanto supliquem a ele com fé e devoção.
Vocês receberão bênçãos e conquistas
E se libertarão da dúvida e da hesitação.[2]
Om Mani Padme Hum

OS DEZ VOTOS DE KUAN YIN

Os Dez Votos de Kuan Yin foram tirados do Sutra Dharani do Grande Coração Compassivo. Como os mantras, um *dharani* é uma fórmula sagrada. No Sutra Dharani, Kuan Yin explica que aqueles que desejam "invocar um grande coração compassivo para todos os seres" devem primeiro segui-la e fazer os mesmos votos. Recitem os votos de Kuan Yin como prece de devoção, repetindo cada um determinado número de vezes.

1. Eu desejo/faço o voto de rapidamente conhecer todo o Dharma!

2. Eu desejo/faço o voto de logo alcançar a visão de sabedoria perfeita!
3. Eu desejo/faço o voto de rapidamente salvar todos os seres sencientes!
4. Eu desejo/faço o voto de logo alcançar o bom e conveniente método que conduz à plena iluminação!
5. Eu desejo/faço o voto de rapidamente embarcar no barco de prajna!
6. Eu desejo/faço o voto de logo transcender o "amargo mar"!
7. Eu desejo/faço o voto de rapidamente alcançar boa disciplina, estabilidade na meditação e o Caminho do Buda!
8. Eu desejo/faço o voto de logo subir a montanha do Nirvana!
9. Eu desejo/faço o voto de rapidamente perceber o incondicional!
10. Eu desejo/faço o voto de logo me unir ao Dharmakaya![3]

GATE GATE PARAGATE PARASAMGATE BODDHI SVAHA

O mantra *Gate Hate Paragate Parasamgate Bodhi Svaha* é a conclusão do Sutra do Coração. Traduz-se "Foi, foi, foi além, foi totalmente além — Iluminação, salve!", ou "Adiante, adiante, adiante além, adiante completamente além, seja encontrada em iluminação". O mantra serve para nos impulsionar além do eu ilusório e de toda ilusão, além da dualidade, dentro da Realidade e do Eu Verdadeiro. Dizem que esse mantra contém a totalidade da Sabedoria Perfeita.

Gate Gate Paragate Parasamgate Boddhi Svaha

OM AH RA PA TSA NA DHIH

O mantra de Manjushri, *Om Ah Ra PA Tsa Na Dhih*, é recitado para ajudar a desenvolver a sabedoria, a memória e o entendimento das escrituras. A sabedoria inclui o sábio domínio de nós mesmos, de nossa aura e de todo nosso ser, bem como o domínio de todas as coisas que nos são confiadas e de todos os indivíduos que estão sob nossos cuidados.

Entoe este mantra 108 vezes, ou em múltiplos de nove. Após a última repetição, repita a sílaba final quantas vezes desejar. A silaba final, *Dhih*, é a *bija*, ou sílaba semente, de Manjushri. A essência do Buda ou grande ser se concentra em sua bija. Ao recitar a sílaba semente de um ser totalmente iluminado, nós temos acesso à sua mestria, aura e momentum.

Om Ah Ra Pa Tsa Na Dhih

OM WAGI SHORI MUM

Outro mantra de Manjushri é *Om Wagi Shori Mum*, que significa "Eu saúdo o Senhor do Discurso!". Este é um dos títulos de Manjushri. Ele é o mestre da eloquência. Usa a palavra como instrumento de libertação que destroi a ignorância. Nós simplesmente não podemos admitir as raízes da ignorância. Nós saímos da ignorância por um ato de vontade, pela determinação e pelas decisões que fazemos sobre o que e quem seremos.

Este mantra ajuda a pessoa a se comunicar de modo mais eficaz. São atribuídas à voz do deus budista Brahma Sanam-kumara oito qualidades. Ao entoarmos este mantra, podemos pedir que nossa voz tenha estas oito qualidades: que seja distinta, inteligível, agradável, atraente, compacta, concisa, profunda e ressonante. E eu acrescentaria uma nona qualidade: reverente. Reverência por toda a vida, pelas pessoas, pelo Deus dentro delas.

Om Wagi Shori Mum

EU SOU UM SER DE FOGO VIOLETA! EU SOU A PUREZA QUE DEUS DESEJA!

A chama violeta (apresentada no capítulo 4) é um fogo espiritual de misericórdia e perdão que transmuta o carma negativo, cura memórias dolorosas e nos deixa mais alegres e entusiasmados.

Usem o mantra "EU SOU um ser de fogo violeta! EU SOU a pureza que Deus deseja!", e variações do tema para invocar misericórdia, perdão, e alegria para si mesmo, para os seres amados, para toda e qualquer pessoa, para qualquer situação na Terra e pelo planeta . Por exemplo:

EU SOU um ser de fogo violeta!
EU SOU a pureza que Deus deseja!

Meus filhos* são seres de fogo violeta!
Meus filhos são a pureza que Deus deseja!

[*Usem o mantra para toda e qualquer pessoa, usando nomes de indivíduos, grupos, seu local de trabalho e assim por diante.]

Meu coração* é um chacra de fogo violeta!

Meu coração é a pureza que Deus deseja!

[*Use o mantra uma vez para cada chacra: coração, garganta, plexo solar, terceiro olho, alma, coroa, base.]

Meu corpo está cheio de fogo violeta!
Meu corpo é a pureza que Deus deseja!

[Substitua o nome da parte do corpo, função ou condição. Por exemplo: ossos, sangue, joelhos, estômago, cérebro; memória, visão; saúde, energia — seja qual for a situação que se deseje melhorar.]

A Terra é um planeta de fogo violeta!
A Terra é a pureza que Deus deseja!

[Substitua pelo nome de uma cidade, estado, região ou país.]

Repita o mantra quantas vezes desejar. Enquanto fizer isso, visualize a chama violeta envolvendo por inteiro a si mesmo(a) e ao mundo, cercando todas as pessoas, coisas e situações que quiser abençoar com misericórdia, perdão e alegria.

Veja a chama violeta passando e interpenetrando o espaço entre os átomos e as ondas de pensamento que os constituem. Imagine uma fogueira de chama violeta ardendo, limpando e consumindo tudo o que seja menos do que a realidade divina, permitindo que a luz brilhe através dela.

Experimente alternar variações deste mantra com um mantra budista. Entoe um mantra budista nove vezes, depois volte a este mantra ou a variações dele.

EU SOU um ser de fogo violeta!
EU SOU a pureza que Deus deseja!

EXPERIMENTANDO OS MANTRAS

Eu gostaria de lhes pedir que experimentassem usar esses mantras durante alguns dias, talvez por 33 dias. Eles atuam profundamente. E a transformação que acontece é impressionante se a pessoa também fizer todas as outras coisas que convergem no coração do *bodhisattva*.

Isso inclui cuidar do corpo físico, que é o cálice da luz que recebemos. Apesar de estarmos pedindo mudanças no plano material, não podemos nos curar entoando mantras. A única cura para qualquer situação é a luz de Deus, uma graça que está além de nosso controle direto.

O PODER DA PRECE DEVOCIONAL

Começar o dia com uma prece e uma adoração ajuda a pessoa a manter uma sensação de paz ao longo do dia, aconteça o que acontecer. E rezar antes de se recolher à noite, não importa por quanto tempo, reforça essa sensação e leva a pessoa a um estado mais elevado de consciência durante o sono. Ao rezar antes de dormir, entregue nas mãos de Deus os problemas que está enfrentando em qualquer área de sua vida. É frequente acordar de manhã com uma resposta ou percepção mais clara. Trata-se de um ritual maravilhoso, e a pessoa ganha momentum ao praticá-lo diariamente.

Depois que começamos a usar a chama violeta para limpar nossa aura, descobrimos que ela pode gerar mudanças positivas em todos os níveis de nosso ser. A chama violeta pode nos libertar para progredirmos espiritualmente, para aproveitarmos todos os benefícios da energia positiva que desce de nossa Presença Divina, e para realizarmos nosso potencial máximo. O processo de nos unirmos ao nosso Eu Superior pode levar muitos anos, ou mesmo encarnações. Mas toda vez que invocamos a chama violeta, estamos nos aproximando mais desse objetivo.

Quanto mais entoamos mantras da chama violeta, mais nos libertamos de condições limitadoras. Então ficamos mais capazes de ajudar os outros como instrumentos do amor de Deus. E acabamos descobrindo que, quando as pessoas entram em contato com nossa aura, elas também recebem cura e elevação.

TODO BEM QUE SE FAZ É LEVADO EM CONTA

Eu lhes convido a todos os dias dedicarem suas preces aos Budas, grandes *bodhisattvas* e seres iluminados. Peçam que lhes mostrem o que fazer para serem aceitos no próximo nível de sua jornada. Dediquem-se a tudo que precede e leva a tal nível, até alcançá-lo.

Vocês perceberão o regozijo na luta contínua dentro de si mesmos, ainda que seu lado externo não saiba, enquanto desejam o aperfeiçoamento com um único propósito — curar, libertar e servir a todo tipo de vida senciente. Com este motivo correto para a glória de Deus estarão subindo a escada.

Confiem na infalível lei do amor. Todo bem que se faz é levado em conta.

Notas

CAPÍTULO 1 ~ A natureza do Buda é universal

1. *Ratnagotravibhaga* 1:28 em Edward Conze et al., edits., *Buddhist Texts Through the Ages* (1954; reimpressão; Nova York: Harper & Row, Harper Torchbooks, 1964), p. 181.

2. Wangyal, Geshe. *The Jewelled Staircase* (Itahaca, N.Y.: Snow Lion Publications, 1986), p. 161.

3. *Surangama Sutra*, citado em Govinda, Lama Anagarika. *Fundamentos do Budismo Tibetano.* (São Paulo: Pensamento, 1995).

4. *The Surungama Sutra*, trad. Lu K'uan Yü (Nova Déli: B.I. Publications, 1978), p. 19.

5. Khyentse, Dilgo. *The Wish-Fulfilling Jewel: The Practice of Guru Yoga according to the Longchen Nyingthig Tradition* (Boston: Shambhala, 1988, pp. 10, 11.

CAPÍTULO 2 ~ O nascimento da senda do *Bodhisattva* em você

1. Suzuki, Daisetz Teitaro. *Outlines of Mahayana Buddhism* (Nova York: Schocken Books, 1963), p. 329.
2. Niwano, Nikkyo. *A Guide to the Threefold Lotus Sutra*, trad. Eugene Langston (Tóquio: Kosei Publishing, 1981), p. 129.
3. Ver *Densal* 15, número 1. (Spring/Summer 2000), p. 9.

CAPÍTULO 3 ~ *Bodhicitta*: Despertando o coração da iluminação

1. Coomaraswamy, Amanda K. *Buddha and the Gospel of Buddhism* (Nova York: Harper & Row, Harper Torchbooks, 1964), p. 352.
2. Ibid, p. 141.
3. Nagarjuna. *A Discourse on the Transcendentality of the Bodhicitta*, in D. T. Suzuki, *Outlines of Mahayana Buddhism*, p. 298.
4. Ibi, pp. 298-99.
5. Govinda, Lama Anagarika. *Fundamentos do Budismo Tibetan*, pp. 273, 274-75.
6. Ibi, pp. 83, 65.
7. Sangharakshita, Bhikshu. *A Survey of Buddhism*, rev. ed. (Boulder, Colorado: Shambhala com Londres: Windhorse, 1980), p. 413.
8. Sangharakshita, Maha Sthavira. *The Three Jewels: An Introduction to Buddhism* (1967; reimpressão, Surrey, Inglaterra: Windhorse Publications, 1977), p. 179.
9. Blofeld, John. *A deusa da compaixão* (São Paulo: Ibrasa, 1995).

CAPÍTULO 4 ~ Seis práticas de suprema devoção

1. Sangharakshita, "The Awakening of the Bodhi Heart", da série de palestras "Aspects of the Bodhisattva Ideal", de 1969. As palestras de Sangharakshita citadas nestas notas estão no sitehttp://www.freebuddhistaudio.com (em inglês).

2. Gyatso, Geshe Kelsang. *Meaningful to Behold: A Commentary to Shantideva's Guide to the Bodhisattva's Way of Life*, 2ª ed. (Londres: Tharpa Publications, 1986), p. 45, 48.
3. Ibi, pp. 10.
4. Sangharakshita. *A Survey of Buddhism*, p. 407-408.

CAPÍTULO 5 ~ O voto do Bodhisattva

1. Lord Maitreya, "Fearless Compassion and the Eternal Flame of Hope", in *Pearls of Wisdom*, vol. 33, nº 1, 7 de janeiro de 1990 (Gardiner, Montana: Summit University Press, 1990), p. 181.
2. Sangharakshita, Bhikshu, "The Bodhisattva Vow", da série de palestras "Aspects of the Bodhisattva Ideal", de 1969.

CAPÍTULO 6 ~ Bodhisattvas que se tornariam Budas

1. Dayal, Har. *The Bodhisattva Doctrine in Buddhist Sanskrit Literature* (1932; reimpressão; Déli: Motilal Banarsidass, 1970), p. 66.
2. Ibid, p. 57.
3. Shantideva. *Guide to the Bodhisattva's Way of Life: A budhist Poem for Today; How to Enjoy a Life of Great Meaning and Altruism*, trad. Neil Elliot sob orientação de Geshe Kelsang Gyatso (Ulverston, Inglaterra: Tharpa Publications, 2002, pp. 28, 29, 30.
4. "The Sermon at Benares" (trecho), in Paul Carus, *The Gospel of Buddha: Compiled from Ancient Records* (Chicago: Open Court Publishing, 1915), p. 49.
5. Mt. 23:27.

O Buda responde ao Deva

1. Carus, *The Gospel of Budda*, pp. 168-69.

CAPÍTULO 7 ~ Primeiro Bhumi: Pramudita, o Estágio Feliz

1. Prophet, Elizabeth Clare, *Mensagens de Buda*, Rio de Janeiro, Nova Era, 2001, p. 72.
2. *Avadana-çataka*, citado em Dayal, *The Bodhisattva Doctrine*, p. 176-77.
3. Ec. 11:1.

CAPÍTULO 8 ~ Segundo Bhumi: Vimala, o Estágio Imaculado

1. Sangharakshita. *A Survey of Buddhism*, p. 433.

CAPÍTULO 9 ~ Terceiro Bhumi: Prabhakari, o Estágio Brilhante

1. Gyatso. *Meaningful to Behol*, pp.135-136.
2. Dayal. *The Bodhisattva Doctrine*, p. 210.
3. Lc. 21:19.
4. "The Sermon on Abuse", in Carus, *The Gospel of Buddh*, pp. 167-68.

CAPÍTULO 10 ~ Quarto Bhumi: Arcismati, o Estágio Radiante

1. Obermiller, E. *The Doctrine of Prajna-paramita as Exposed in the Abhisamayalamkara of Maitreya* (Talent, Oregon: Canon Publications, 1984), p. 217.
2. Dayal. *The Bodhisattva Doctrine*, p. 217.
3. Ibid, p. 57.

CAPÍTULO 11 ~ Quinto Bhumi: Sudurjaya, o Estágio Dificílimo de Conquistar

1. Sangharakshita, Bhikshu, "Altruism and Individualism in the Spiritual Life", da série de palestras "Aspects of the Bodhisattva Ideal".
2. sGam.po.pa, *The Jewel Ornament of Liberation*, trad. Herbert V, Guenther (Boston: Shambbhala, 1959), p. 254.
3. Ibid, p. 187.

4. Grousset, René, *In the Footsteps of the Buddha*, citado em *Maitreya, the Future Buddha*, edits. Alan Sponberg e Helen Hardacre (Cambridge: Cambridge University Press, 1988), p. 11.

Quanto tempo leva para se tornar um Buda?

1. Dayal. *The Bodhisattva Doctrine*, p. 76.
2. *A Dictionary of Buddhist Terms and Concepts* (Tóquio: Nichiren Shoshu International Center, 1983), s.v. "Kalpa".
3. Dayal. *The Bodhisattva Doctrine*, p. 79.

CAPÍTULO 12 ~ Sexto Bhumi: Abhimukhi, o Estágio Cara a Cara

1. Obermiller. *The Doctrine of Prajna-paramita*, p. 55.
2. *Vimalakirti Nirdesa*, citado in Beatrice Lane Suzuki, *Mahayana Buddhism: A Brief Outline* (Nova York: Macmillan, 1969), p. 108.

Prece tibetana para Manjushri

1. Ver *Daily Recitations of Preliminaries* (Dharamsala, Índia: Library of Tibetan Works & Archives).

CAPÍTULO 13 ~ Sétimo Bhumi: Duramgama, o Estágio de Longo Alcance

1. B. L. Suzuki. *Mahayana Buddhism* pp. 69-70.
2. Sangharakshita. *A Survey of Buddhism*, p. 450.
3. Schumann, H. Wolfgang. *Buddhism, An Outline of Its Teachings and Schools*. (Wheaton, Illinois: Theosophical Publishing House), p. 131.
4. D. T. Suzuki. *Outlines of Mahayana Buddhism*, p. 321.
5. *Vimalakirti*, citado *in* B. L. Suzuki, *Mahayana Buddhism*, p. 72.

CAPÍTULO 14 ~ Oitavo Bhumi: Acala, o Estágio Imóvel

1. Dayal. *The Bodhisattva Doctrine*, p. 290.
2. Sangharakshita. *A Survey of Buddhism*, p. 451.

3. Sangharakshita, "The Bodhisattva Hierarchy", da série de palestras "Aspects of the Bodhisattva Ideal", de 1969.

CAPÍTULO 15 ~ Nono Bhumi: Sadhumati, o Estágio dos Bons Pensamentos

1. Ver Garma C. C. Chang, ed., *A Treasury of Mahayana Sutras: Selections from the Maharatnakuta Sutra* (University Park, Pensilvânia: Pensilvânia Capte University Press, 1983, pp. 51-56.

CAPÍTULO 16 ~ Décimo Bhumi: Dharmamegha, o Estágio da Nuvem do Darma

1. sGam.po.pa, *in* Paul Williams, *Mahayana Buddhism: The Doctrinal Foundations* (Londres: Routledge, 1989), p. 213.
2. Sangharakshita. *A Survey of Buddhism*, p. 452.
3. *The Lankavatara Scripture: Self-Realization of Noble Wisdom, in A Buddhist Bible*, ed. Dwight Goddard (Boston: Beacon Press, 1970), p.343.
4. Stryk, Lucien. *World of the Buddah: A Reader* (Garden City, Nova York: Doubleday and Company, Anchor Books, 1969, pp. lv-lvi.
5. Khyentse, Dilgo. *The Wish-Fulfilling Jewel: The Practice of Guru Yoga according to the Longchen Nyingthig Tradition* (Boston: Shambhala, 1988, pp. 10, 11.

CAPÍTULO 18 ~ Mantras para sabedoria e compaixão

1. Sangharakshita. *A Survey of Buddhism*, p. 372.
2. Tsogyal, Yeshe. *The Lotus-Born: The Life Story of Padmasambhava*, trad. Erik Penna Kunsang (Katmandu, Nepal: Rangjung Yeshe Publications, 1998, pp. 195-97
3. Prophet, Elizabeth Clare. *Kuan Yin's Crystal Rosary: Devotions to the Divine Mother East and West* (Gardiner, Mont.: The Summit Lighthouse, 1988, pp. 16-18.

Bibliografia selecionada

Blofeld, John. *A deusa da compaixão*. São Paulo: Ibrasa, 1995.

Carus, Paul. *The Gospel of Buddha: Compiled from Ancient Records*. Chicago: Open Court Publishing, 1915.

Chang, Garma C. C., ed. *A Treasury of Mahayana Sutras: Selections from the Maharatnakuta Sutra*. University Park, Penn.: Pensilvânia State University Press, 1983.

Conze, Edward. *Buddhist Texts Through the Ages*. Nova York: Harper & Row, Harper Torchbooks, 1964.

Coomaraswamy, Amanda K. *Buddha and the Gospel of Buddhism*. Nova York: Harper & Row, Harper Torchbooks, 1964.

Dayal, Har. *The Bodhisattva Doctrine in Buddhist Sanskrit Literature*. 1932; reimpressão; Déli: Motilal Banarsidass, 1970.

Goddard, Dwight, ed. *A Buddhist Bible*. Boston: Beacon Press, 1970.

Govinda, Lama Anagarika. *Fundamentos do Budismo Tibetano*. São Paulo: Pensamento, 1995.

Gyatso, Geshe Kelsang. *Meaningful to Behold: A Commentary to Shantideva's Guide to the Bodhisattva's Way of Life*, 2ª ed. Londres: Tharpa Publications, 1986.

Khyentse, Dilgo. *The Wish-Fulfilling Jewel: The Practice of Guru Yoga according to the Longchen Nyingthig Tradition*. Boston: Shambhala, 1988.

Matics, Marion L., trad. *Entering the Path of Enlightenment: The Bodhicaryavavatara of the Buddhist Poet Santideva*. Londres: George Allen & Unwin, 1971.

Naquin, Susan. "The Transmission of White Lotus Sectarianism in Late Imperial China." *In* Johnson, David, Andrew J. Nathan e Evelyn S. Rawski. *Popular Culture in Late Imperial China*. Berkeley: University of California Press, 1985.

Nichiren Shoshui International Center. *A Dictionary of Buddhist Terms and Concepts*. Tókio: Nichiren Shoshui International Center, 1983.

Niwano, Nikkyo. *A Guide to the Threefold Lotus Sutra*. Tókio: Kosei Publishing, 1981.

Obermiller, E. *The Doctrine of Prajna-paramita as Exposed in the Abhisamayalamkara of Maitreya*. Talent, Oregon: Canon Publications, 1984.

Prophet, Elizabeth Clare. *Mensagens de Buda: As Dez Perfeições recebidas por Elizabeth Clare Prophet*. Rio de Janeiro: Nova Era, 2001.

Sangharakshita, Bhikshu. *A Survey of Buddhism*. Boulder, Colorado: Shambhala com Londres: Windhorse, 1980.

Sangharakshita, Maha Sthavira. *The Three Jewels: An Introduction to Buddhism*. Surrey, Inglaterra: Windhorse Publications, 1977.

Santideva. *Siksa-Samuccaya: A Compendium of Buddhist Doctrine*. Trad. Cecil Bendall e W. H. Rouse. Déli: Motilal Banarsidass, 1971.

Schumann, H. Wolfgang. *Buddhism, An Outline of Its Teachings and Schools*. Wheaton, Illinois: Theosophical Publishing House, 1973.

sGam.po.pa. *The Jewel Ornament of Liberation*, trad. Herbert V, Guenther. Boston: Shambbhala, 1959.

Shantideva e Geshe Kelsang Gyatso. *Guide to the Bodhisattva's Way of Life: A Buddhist Poem for Today — How to Enjoy a Life of Great Meaning and Altruism*. Trad. Neil Elliot. Ulverstom, Inglaterra: Tharpa Publications, 2002.

Sponberg, Alan e Helen Hardacre, edits. *Maytrea, the Future Buddha*. Cambridge: Cambridge University Press, 1988.

Stryk, Lucien. *World of the Buddha: A Reader*. Garden City, N.Y.: Doubleday and Company, Anchor Books, 1969.

The Surangama Sutra. Trad. Lu K'uan Yü. Nova Déli: B. I. Publications, 1978.

Suzuki, Beatrice Lane. *Mahayana Buddhism: A Brief Outline*. Nova York: Macmillan, 1969.

Suzuki, Daisetz Teitaro. *Outlines of Mahayana Buddhism*. Nova York: Schocken Books, 1963.

Tsogyal, Yeshe. *The Lotus-Born: The Life Story of Padmasambhava*. Trad. Erik Penna Kunsang. Katmandu, Nepal: Rangjung Yeshe Publications, 1998.

Wangyal, Geshe. *The Jewelled Staircase*. Itahaca, N.Y.: Snow Lion Publications, 1986.

Williams, Paul. *Mahayana Buddhism: The Doctrinal Foundations*. Londres: Routledge, 1989.

ELIZABETH CLARE PROPHET é uma autora conhecida mundialmente. Entre seus títulos campeões de vendas se encontram *Anjos caídos e a origem do mal, Os anos perdidos de Jesus, Reencarnação — O elo perdido do cristianismo, A história de sua alma* e *A chama violeta — para curar corpo, mente e alma.*

Ela foi pioneira em técnicas práticas de espiritualidade, incluindo o poder curativo do som para crescimento pessoal e transformação mundial.

Uma vasta seleção de seus livros foi traduzida para um total de 29 línguas no mundo inteiro.

Prophet se aposentou em 1999 e faleceu em 2009. Os trabalhos inéditos de Mark L. Prophet e Elizabeth Clare Prophet continuam sendo publicados pela Summit University Press.

www.ElizabethClareProphet.org (em inglês)

Este livro foi composto na tipologia Minion Pro,
em corpo 11,5/15,2, impresso em papel off-white,
no Sistema Cameron da Divisão Gráfica
da Distribuidora Record.